St. Helena Library
1492 Library Lane
St. Helena, CA 94574
(707) 963-5244

LA ESTELA DE LA FELICIDAD

Título original: THE HAPPINESS TRACK: How to Apply the Science of Happiness
to Accelerate Your Success
Traducido del inglés por Antonio Luis Gómez Molero
Diseño de portada: Natalia Arnedo
Diseño y maquetación de interior: Toñi F. Castellón

© de la edición original
2016 Emma Seppälä

Publicado con autorización de HarperOne, un sello editorial de HarperCollins Publishers

© de la presente edición
EDITORIAL SIRIO, S.A.
C/ Rosa de los Vientos, 64
Pol. Ind. El Viso
29006-Málaga
España

www.editorialsirio.com
sirio@editorialsirio.com

I.S.B.N.: 978-84-17030-98-8
Depósito Legal: MA-477-2018

Impreso en Imagraf Impresores, S. A.
c/ Nabucco, 14 D - Pol. Alameda
29006 - Málaga

Impreso en España

Puedes seguirnos en Facebook, Twitter, YouTube e Instagram.

Dra. EMMA SEPPÄLÄ

LA ESTELA
DE LA
FELICIDAD

CÓMO APLICAR LA CIENCIA DE LA FELICIDAD
PARA ACELERAR TU ÉXITO

EDITORIAL
SIRIO

*Para mis adorados
Pums y Dadda,
Andrew y Michael*

ÍNDICE

INTRODUCCIÓN

*El éxito consiste en gustarte a ti mismo, en que
te guste lo que haces y cómo lo haces.*

Maya Angelou

Cuando era universitaria pasé un verano en París haciendo prácticas en un prestigioso periódico internacional. Al ser la única becaria tenía muchísimo trabajo. De dos de la tarde a once de la noche iba y venía de la segunda planta al sótano entregando mensajes y documentos. Trataba prácticamente con todo el mundo, desde los editores principales hasta el personal de la imprenta. En la segunda planta había varios ejecutivos que ocupaban oficinas acristaladas y un gran número de redactores y editores norteamericanos que realizaban su labor en cubículos frente a su ordenador. En el sótano estaban los trabajadores franceses de artes gráficas que imprimían el periódico.

La diferencia entre el ambiente de la segunda planta y el del sótano era impresionante. En la segunda planta podías sentir la tensión en el aire. Reinaba un silencio absoluto interrumpido únicamente por los sonidos producidos al teclear e imprimir. Los editores (la mayoría con sobrepeso y grandes ojeras) estaban pegados a las pantallas y comían *pizza* en sus escritorios, aislados de los demás. Sin embargo, en el sótano se respiraba un ambiente festivo. Había una mesa enorme repleta de botellas de vino, queso y pan. Los trabajadores de la imprenta reían y bromeaban; la atmósfera estaba llena de vida. Mientras que en la segunda planta nadie me dirigía la palabra a menos que necesitara algo, cada vez que entraba en la sala de la imprenta recibía una sonora bienvenida. Pronto empecé a desear tener más razones para bajar allí y compartir con ellos su alegría.

Mi trabajo en el periódico, ese ir y venir entre un grupo y otro, me hizo reflexionar: aquí hay un equipo (formado por el grupo de los editores y los redactores y el grupo de los operarios de la imprenta) que trabaja la noche entera para sacar el periódico al amanecer. Sí, es verdad que las tareas que realiza cada grupo son distintas, como también es diferente su cultura, pero ambos trabajan para cumplir un mismo plazo de entrega urgente. Un error de cualquiera de los dos grupos y el periódico no saldría a la mañana siguiente. La cuestión es que noche tras noche, a pesar de las dificultades, ambos realizaban con éxito su trabajo. No obstante, lo hacían de maneras totalmente distintas: uno de los grupos estaba estresado, agotado y tenía un aspecto enfermizo; el otro estaba feliz, rebosante de energía y de ánimo.

Creo que la mayoría preferiríamos ser como los trabajadores franceses de la imprenta: nos gustaría realizar un buen trabajo, y disfrutar mientras lo hacemos. Todos queremos tener éxito y ser felices. Y sin embargo, alcanzar ambos objetivos nunca ha sido tan difícil como en estos días. A consecuencia de los avances de la tecnología, el ritmo de nuestras vidas se ha vuelto frenético. Ya seas director general de una empresa o diseñador *freelance* de arte, lo más probable es que estés corriendo de una fecha de entrega a otra, pendiente del móvil o el ordenador para leer los correos electrónicos o mensajes más recientes, actualizando tu estado en las redes sociales y leyendo el último blog o las noticias que acaban de publicarse; todo esto mientras conduces, decides lo que vas a hacer para la cena y te preparas para la próxima llamada telefónica. Los plazos para completar los proyectos se han vuelto cada vez más cortos. Como ahora es tan fácil acceder a los datos y la información en Internet, la investigación debe ser más profunda y rigurosa. Los clientes necesitan un servicio mejor y más rápido, por no mencionar más barato. Tu jefe y tus compañeros de trabajo esperan que respondas inmediatamente a sus mensajes y consultas.

Es probable que para cumplir con las exigencias de este ritmo de vida, duermas con el móvil al lado de la cama, y, seguramente, revisar el correo sea lo primero que hagas al despertarte y justo antes de acostarte. Además, te conectarás con tus «amigos» a través de redes sociales como Twitter, Facebook o LinkedIn, para responder a las notificaciones que te mandan, a ese vídeo que alguien te envió y que hay que ver y a la obligación tácita de escribir entradas y mandar fotos para seguir en contacto con el mundo. Mientras tanto, los correos se van acumulando en la bandeja de entrada, lo mismo que los mensajes de texto, por mucho que intentes tenerlos al día. Los días de entre semana son una carrera interminable para completar tu lista de tareas por hacer antes de caer rendido en la cama, y te duermes mucho más tarde de lo que te conviene.

Los fines de semana no son mucho mejores. Seguramente, hay mil cosas por hacer, faenas domésticas como lavar la ropa o comprar la comida, además del trabajo que te has llevado a casa. Las vacaciones son escasas y poco frecuentes, con viajes estresantes, visitas a la familia y quizá uno o dos días de cura de sueño antes de volver a la lucha. Pero incluso estando de vacaciones, te resulta difícil desconectarte del mundo laboral, de manera que mientras descansas junto a la piscina echas un vistazo al móvil o a la *tablet* para estar informado de lo que sucede en tu trabajo.

Sencillamente, hemos aceptado esta sobrecarga de actividad como algo natural en nuestras vidas.

Queremos ser buenos empleados, así que nos esforzamos al máximo en el trabajo; también queremos ser buenos padres, por eso intentamos pasar más tiempo con nuestros hijos; pero no queremos descuidar nuestras relaciones, de manera que cocinamos, vamos al gimnasio y salimos a cenar con nuestra pareja; tampoco queremos olvidarnos de las amistades, por lo que asistimos a actividades sociales. Y todo esto lo hacemos a pesar de estar exhaustos.

Cuando, a causa del ritmo de nuestras vidas, nos sentimos estresados, agotados y sobrecargados, nos echamos la culpa a nosotros mismos. Al fin y al cabo, al parecer, los demás son capaces de mantener este ritmo. Creemos que, para tener éxito en la vida, hemos de aguantar y seguir adelante, sobreponernos al dolor, superar nuestros límites y dejar a un lado nuestro bienestar.

Luego, cuando por fin logramos nuestros objetivos, a base de correr, esforzarnos y aguantar, no siempre nos sentimos bien; quizá experimentemos una sensación de alivio, pero el precio que pagamos por ese alivio es muy elevado: desgaste, desconexión, estrés. Sin embargo, ¿el objetivo de todo ese esfuerzo y sufrimiento no es ser feliz? ¿La idea no era que el éxito nos brinda la felicidad?

LOS MITOS ACERCA DEL ÉXITO

Estos últimos diez años los he pasado con personas que han logrado un nivel elevado de éxito. Estudiamos juntos en Yale, Columbia y Stanford, y más tarde trabajamos en París, Nueva York, Shanghái y Silicon Valley. Aunque era un motivo de orgullo e inspiración verlos poner en marcha organizaciones sin ánimo de lucro, entrar en el Congreso, escribir éxitos de ventas, llegar a ser grandes actores en Broadway, fundar empresas innovadoras, desempeñar un papel importante en los esfuerzos humanitarios a nivel internacional y convertirse en banqueros multimillonarios en Wall Street, también me entristecía ver cómo muchas de estas personas tan «exitosas» de cara a la galería se mataban trabajando y terminaban crónicamente estresadas y enfermas. Tenían un gran talento y un potencial extraordinario, pero, por desgracia, mientras se esforzaban por conseguir sus metas muchas destrozaron su bien más valioso: ellas mismas. Y a menudo destrozaron también la salud de sus empleados, creando una atmósfera de tensión a su alrededor.

Mientras observaba este fenómeno entre mis amigos y antiguos compañeros de clase, estudiaba e investigaba la psicología de la salud y la felicidad para mi doctorado en la Universidad de Stanford. Cuanto más profundizaba en la bibliografía, mayor era mi desconcierto al descubrir que la manera en que nos enseñaron a perseguir el éxito (y que nuestra cultura apoya y fomenta) era totalmente inapropiada. Todos los estudios confirmaban que, en realidad, lo que hacían mis amigos y mis compañeros (y lo que *yo* estaba haciendo) para alcanzar el éxito y la felicidad era contraproducente.

Desde entonces, he llegado a la conclusión de que lo que más perjudica a nuestra capacidad para ser felices y alcanzar el éxito es dar por hecho la validez de esas creencias, habituales pero trasnochadas, sobre el éxito. Creemos que son ciertas precisamente porque vemos como se manifiestan una y otra vez en las vidas de las personas de éxito, como mis compañeros. Desde la más tierna infancia se nos enseña que salir adelante significa ser capaces de superar todos nuestros desafíos (y más) centrándonos totalmente en ellos y haciendo uso de una disciplina de hierro, aunque tengamos que sacrificar nuestra felicidad para conseguirlo.

Estas son las seis ideas falsas más importantes acerca de la felicidad en las que se basa nuestra noción actual del éxito:

- **Sigue alcanzando metas.** Céntrate en obtener resultados continuamente. Para conseguir más logros y poder seguir compitiendo, tienes que pasar rápidamente de una acción a otra con la mirada puesta siempre en lo que viene después.
- **Sin estrés no hay éxito.** Si quieres triunfar, el estrés es inevitable. Vivir acelerado es la consecuencia ineludible de una vida ocupada. Sufrir no solo es inevitable sino incluso necesario.

- **Persevera, cueste lo que cueste.** Esfuérzate hasta caer rendido; gasta cada gota de energía mental que tengas en concentrarte en la tarea a pesar de las distracciones y tentaciones.
- **Especialízate.** Dedícate a una sola área; si te centras exclusivamente en tu campo y te conviertes en un experto en él, aprenderás la mejor manera de solucionar sus problemas.
- **Saca partido a tus puntos fuertes.** Trabaja en aquello para lo que tengas aptitudes. Haz lo que mejor haces y aléjate de tus áreas débiles. Si quieres descubrir tus talentos y tus debilidades, tienes que ser tu crítico más despiadado.
- **Debes ser el número uno.** Ponte siempre a ti mismo y tus intereses por delante de todo para que puedas superar a tus competidores.

Estas premisas sobre el éxito impregnan nuestra cultura. Están grabadas a fuego en nuestra mente desde que asistíamos a la escuela primaria («¡Baja de las nubes!», «¡Concéntrate!», «¡Tienes que esforzarte más!»). Pero aunque estos planteamientos se encuentran muy extendidos y parecen de puro sentido común, lo cierto es que, en realidad, son un verdadero despropósito. A pesar de que algunos han conseguido el éxito de esta manera, lo cierto es que han tenido que pagar un precio muy elevado. De hecho, la investigación demuestra que lo que hacen estas premisas es dañar tu potencial para el éxito y la felicidad porque llevan a un conjunto de consecuencias negativas: perjudican a tu capacidad de conectar productivamente con los demás, son un obstáculo para trabajar de forma creativa, disminuyen tu energía, te impiden rendir al máximo y te hacen menos resiliente ante los problemas y los fracasos. La investigación sugiere que también es más probable que termines agotado, aislado y con problemas de salud tanto física como mental.

Nuestra manera de perseguir el éxito, alimentada por ese mensaje que nos envía nuestra cultura de que «tienes que hacerlo todo», apoyado por una tecnología que nos mantiene conectados veinticuatro horas al día y empujado por estos mitos sobre el éxito, es sencillamente insostenible.

Todos sentimos la presión aplastante de este modo de entender el éxito; la gran mentira en la que se basan todas las demás es que debemos sacrificar la felicidad a corto plazo para tener éxito y satisfacción a la larga. Sin embargo, este enfoque no solo nos impide ser tan productivos como podemos ser sino que además nos hace profundamente desgraciados. ¿En este último año te has sentido así?:

- Completamente desbordado y sin atisbar una solución o un final a esta situación.
- Atrapado en una carrera absurda e interminable en la que siempre hay tareas por hacer.

- Sin tiempo para dedicarlo a aquello que te gusta.
- Sin poder pasar tiempo con tus seres queridos.
- Culpable por hacer lo que disfrutas en lugar de ser productivo.
- Incapaz de encontrarle significado o satisfacción a tu día a día.

No eres el único. Los niveles de estrés están aumentando a un ritmo alarmante en Estados Unidos y en el resto de los países occidentales altamente industrializados, según un estudio del Grupo Regus, cuyas conclusiones son que un 58 % de los estadounidenses afirman que su estrés va en aumento.[1] La ansiedad es la principal causa de tratamiento de salud mental en Estados Unidos, con un coste de más de 42.000 millones de dólares al año.[2] El uso de antidepresivos entre sujetos de todas las edades ha subido un 400% en la última década.[3]

Según un estudio de Gallup realizado en 2014,[4] se está produciendo una crisis paralela en los lugares de trabajo de toda la nación: el 50% de los empleados no se involucran en el trabajo (es decir, trabajan desmotivados), mientras que el 20% están claramente desinteresados (o lo que es lo mismo, se sienten muy mal en el trabajo). Esto le cuesta a la economía estadounidense más de 450.000 millones de dólares al año.

Décadas de investigación han demostrado que la felicidad no es la *consecuencia* del éxito sino más bien su *precursora*. En otras palabras, si quieres alcanzar el éxito, tienes que parecerte más a los trabajadores franceses de imprenta del sótano.

¿QUÉ TIENE QUE VER LA FELICIDAD CON ESTO?

Hace unos cuantos años, di una conferencia sobre la psicología de la felicidad a un grupo de contables de una empresa Fortune 100* en Nueva York. Unas cuarenta personas abarrotaban la sala de conferencias. Cuando empecé la charla, noté que algunos de los miembros del público estaban verdaderamente interesados en el tema, mientras que otros que se sentaban al fondo de la sala reían con disimulo. Obviamente a estos últimos se los había obligado a ir a la conferencia, pero no creían que un tema tan «abstracto» tuviera algún valor.

No los culpo. Al fin y al cabo, es bastante raro oír que la felicidad es el secreto del éxito. De hecho, nos enseñan justo lo contrario.

La persona que me había invitado a hablar a la empresa de contabilidad me advirtió que quizá a sus compañeros, acostumbrados a centrarse en datos, les costaría identificarse con la ciencia de la felicidad. Me aconsejó que comenzara con datos y cifras sobre el coste de las emociones negativas y los beneficios de la felicidad. Como iba a tratar con contables, dejaría que las cifras hablaran por sí mismas. Y, efectivamente, para cuando terminé de exponer los datos concretos, las

---

* *Fortune 100* es una lista publicada de forma anual por la revista *Fortune* que presenta las 100 mayores empresas estadounidenses de capital abierto a cualquier inversor.

risitas habían desaparecido. Al final de la conferencia, incluso los cínicos del fondo de la sala me dijeron que lo que ellos llamaban «una avalancha de datos convincentes» les había hecho cambiar de idea.

Aunque normalmente no escuchamos que exista una conexión entre felicidad y éxito, sabemos de manera intuitiva que nuestras emociones nos afectan enormemente. Después de todo, un comentario desagradable de un compañero de trabajo o una pelea con nuestra pareja por la mañana pueden trastornar nuestra productividad y concentración durante el resto del día. Nuestras emociones y nuestro estado de ánimo influyen poderosamente en todo lo que hacemos. Piensa en lo diferentes que son tus relaciones personales y tu productividad cuando te sientes estresado, triste o enfadado y cuando estás feliz, relajado y agradecido.

La felicidad, definida como un estado de ánimo altamente positivo, influye muy positivamente en nuestras vidas profesionales y personales. Incrementa nuestra inteligencia emocional y social, intensifica nuestra productividad y hace que tengamos una mayor influencia sobre nuestros compañeros y colaboradores. Estas son precisamente las mismas características que nos permiten alcanzar el éxito sin tener que sacrificar nuestra salud ni nuestro bienestar psicológico.

Barbara Fredrickson, de la Universidad de Carolina del Norte, y otros investigadores que estudian el impacto de las emociones positivas han llegado a la conclusión de que la felicidad saca partido de lo mejor de nuestro potencial de cuatro maneras concretas.[5]

Intelectualmente

Las emociones positivas te ayudan a aprender más rápido, a pensar de forma más creativa y a resolver situaciones difíciles. Por ejemplo, Mark Beeman, de la Universidad Northwestern, ha demostrado que es más fácil resolver un acertijo tras ver un vídeo cómico breve. La diversión, al aliviar la tensión y activar los centros de placer del cerebro, ayuda a generar conexiones neuronales que facilitan una mayor flexibilidad mental y creatividad.[6] No tiene nada de raro que numerosos estudios hayan demostrado que la felicidad nos hace un 12% más productivos.[7]

Psicológicamente

Si eres como la mayoría de las personas, probablemente sufrirás altibajos de humor. Es tu estado de ánimo, no los factores externos, lo que determina cómo te sientes. Puedes estar en una playa maravillosa y aun así sentirte fatal porque estás enfadado con un familiar. O puedes sentirte dichoso en medio de un tremendo atasco de tráfico porque acabas de enterarte de que vas a ser padre. Las emociones positivas te ayudan a mantenerte equilibrado emocionalmente sean cuales sean las circunstancias. ¿Cómo? La investigación realizada por Barbara Fredrickson y otros muestra que las emociones positivas favorecen que te recuperes del estrés mucho más pronto.[8] Al ayudarte a recuperarte rápidamente de emociones negativas, reducen eficazmente el tiempo durante el que te sientes estresado, enfadado o deprimido y hacen que, en líneas generales, te sientas más optimista.[9] Digamos que por cuestiones laborales tienes que tratar con un cliente, compañero de trabajo o directivo bastante crítico y severo. Quizá por esto te resulte difícil dar lo mejor de ti mismo diariamente. Sin embargo, si eres capaz de mantener una sensación elevada de positividad, tardarás menos en recuperarte tras tu interacción con esta persona. Tu optimismo será un amortiguador psicológico y fisiológico contra el estrés que te causa y podrás mantener más fácilmente tu productividad y tu paz mental.

Socialmente

No hay duda de que las relaciones en el trabajo (ya sea con los directivos, los compañeros, los empleados o los clientes) son fundamentales para el éxito. Las emociones positivas fortalecen las relaciones existentes. Por ejemplo, reír (la expresión de una emoción positiva) con los compañeros hace que todo el mundo se abra y esté más dispuesto a cooperar.[10]

Varios estudios demuestran que unos empleados felices hacen que el lugar de trabajo sea más agradable. En concreto, unos trabajadores felices, amistosos y que se apoyan entre sí tienden a:

- Crear relaciones más significativas con los demás en el trabajo.[11]
- Estimular el nivel de productividad de los compañeros.[12]
- Incrementar la sensación de conexión social de los compañeros.[13]
- Mejorar el compromiso con la empresa.[14]
- Conseguir que los empleados se involucren más en su trabajo.[15]
- Proporcionar un servicio de mayor calidad a los clientes independientemente de que esto les aporte o no beneficios.[16]

La investigación demuestra que los estados emocionales negativos como la ansiedad y la depresión, al contrario de lo que sucede con las emociones positivas, nos vuelven más centrados en nosotros mismos.[17] En cambio, las emociones positivas estimulan nuestra inclinación a conectar con los demás de manera productiva. Fredrickson nos demuestra que la felicidad incrementa nuestro sentimiento de pertenencia, permitiéndonos ver las cosas desde la perspectiva de los demás, y por lo tanto es más probable que influyamos positivamente en sus vidas.[18] Aumenta de manera espectacular nuestra capacidad de establecer relaciones y amistades. Por otra parte, nos sentimos más conectados, más seguros de nosotros mismos y más apoyados por nuestro círculo social, cada vez más extenso. Nuestra felicidad también influye en la productividad de nuestros compañeros de trabajo. Del mismo modo en que los compañeros difíciles pueden crear un ambiente cargado, los positivos y comprensivos crean un ambiente motivador. Al ser feliz, haces más felices a quienes te rodean. La investigación llevada a cabo por los científicos James Fowler, de la Universidad de California, en San Diego, y Nicholas Christakis, de la Universidad de Harvard, sugiere que la felicidad tiende a extenderse hasta tres grados de separación a partir de ti: comenzando por tu círculo más cercano, siguiendo por tus compañeros y tus conocidos y alcanzando a personas que ni siquiera conoces.[19] Así es como se crea un ambiente feliz en el trabajo, el hogar o la comunidad.

Físicamente

Fredrickson ha descubierto que las emociones positivas mejoran el bienestar físico aumentando la fuerza y la salud cardiovascular y asimismo mejoran la coordinación, el sueño y el funcionamiento del sistema inmunitario. Además, las emociones positivas están asociadas con una reducción de la inflamación.[20] En otras palabras, ser feliz te ayuda a mantenerte mas sano, incluso si trabajas en un ambiente muy intenso o estresante. De hecho, las emociones positivas aceleran la recuperación del impacto cardiovascular del estrés.[21] Estudios preliminares han demostrado también que aliviar la tensión con unas risas normaliza los niveles de cortisol, la hormona del estrés, estimula la función inmunitaria y reduce la inflamación.[22]

Sin embargo, no basta con saber que la felicidad conduce al éxito. Por eso escribí este libro: para mostrarte exactamente cómo la felicidad puede elevar al máximo tu resiliencia, creatividad, productividad, carisma y muchas otras aptitudes esenciales para el éxito. Aprenderás a ser productivo sin sufrir un estrés crónico, o a lograr más resultados sin agotarte; en otras palabras, aprenderás a sacarle todo el partido a tu potencial profesional y a realizarte plenamente como ser humano.

LAS SEIS CLAVES DE LA FELICIDAD Y EL ÉXITO

En los capítulos siguientes, veremos datos confirmados empíricamente que demuestran que, con frecuencia, la senda que conduce al éxito y el bienestar a largo plazo consiste en hacer justo lo contrario de lo que nos han enseñado. Examinaremos cómo las ideas contraproducentes sobre el éxito que predominan en nuestra cultura no solo fracasan sino que, a pesar de todo nuestro esfuerzo, se vuelven contra nosotros. Basándome en los últimos descubrimientos de la psicología, el comportamiento organizacional y la neurociencia (la investigación sobre resiliencia, creatividad, conciencia plena, solidaridad, etc.), te mostraré cómo las siguientes seis estrategias para obtener la felicidad y la realización son de hecho la clave para prosperar profesionalmente:

1. **Vive (o trabaja) en el momento.** En lugar de pensar siempre en lo próximo que debes hacer según tu lista, céntrate en la tarea o la conversación que tienes por delante. No solo serás más productivo, sino también más carismático.

2. **Aprovecha tu resiliencia.** En lugar de vivir acelerado, entrena tu sistema nervioso para que se recupere de los contratiempos. Así reducirás de manera natural el estrés y te sobrepondrás a las dificultades y los desafíos.

3. **Regula tu energía.** En lugar de dejarte arrastrar por pensamientos y emociones extenuantes, aprende a regular tu energía permaneciendo tranquilo y centrado. Podrás ahorrar una energía mental preciosa para las tareas que más la necesitan.

4. **No hagas nada.** En lugar de estar continuamente centrado en tu área de trabajo, reserva algún tiempo para no hacer nada, para divertirte y ocuparte de asuntos sin importancia. Te volverás más creativo e innovador y aumentarán tus probabilidades de tener ideas novedosas.

5. **Trátate bien.** En lugar de dedicarte únicamente a aquello que se te da bien y ser excesivamente autocrítico, sé amable contigo mismo y entiende que tu cerebro está diseñado para aprender cosas nuevas. Mejorarás tu capacidad de salir airoso de las dificultades y aprender de los errores.

6. **Sé solidario.** En lugar de pensar continuamente en ti, sé afectuoso con quienes te rodean, interésate por ellos y, siempre que puedas, ayuda a tus compañeros, jefes y subalternos. De esta forma lograrás que aumente extraordinariamente su lealtad y su compromiso, lo que mejorará la productividad, el rendimiento y tu influencia en ellos.

Estas seis estrategias mejorarán enormemente tu bienestar psicológico y físico. Te ayudarán a ser más feliz y a vivir una vida llena de sentido y propósito, y (como te mostraré a lo largo del libro) te permitirán aumentar tu éxito. No son estrategias complicadas; para aplicarlas a tu vida diaria no hace falta un entrenamiento complejo ni grandes cambios en tu manera de vivir. De hecho, estas estrategias se basan en los recursos con los que ya cuentas en estos momentos.

Ahora mismo tienes la capacidad de generar ideas brillantes, de mantener la serenidad en medio de exigencias abrumadoras, de permanecer presente cuando tu mente trata de alejarte, de ser comprensivo contigo y con los demás, de quedarte a solas con tus pensamientos y descansar a pesar de que el mundo te diga que debes seguir en movimiento sin parar. En cada capítulo encontrarás consejos específicos para ayudarte a llegar a donde quieres.

Sea cual sea tu ocupación (madre, empresario, activista, bailarina...), espero que en este libro encuentres el alivio que buscas. El alivio de saber que ya tienes todo lo que se necesita para ser feliz y alcanzar el éxito, que una vida sin estrés y llena de satisfacciones no solo es posible sino que además es el secreto para triunfar en tu vida personal y profesional. Tienes la capacidad de utilizar esa productividad festiva del equipo francés de impresores, y te mostraré cómo. Los resultados de la investigación son claros: la felicidad es el atajo para llegar al éxito.

Capítulo 1

DEJA DE PERSEGUIR EL FUTURO

LA FELICIDAD Y EL ÉXITO SE
ENCUENTRAN EN EL PRESENTE

Quienes no tienen capacidad para vivir en el ahora no
pueden hacer planes válidos para el futuro.

Alan Watts[1]

Al viajar a Silicon Valley (la tierra de Facebook, Twitter, Google y la Universidad de Stanford) se nota inmediatamente la energía del lugar. La ilusión y el espíritu de superación se palpan en el aire, ya sea en los cafés de Palo Alto, en el centro —donde es inevitable oír conversaciones apasionadas entre nuevos empresarios y posibles inversores— o en los magníficos auditorios de Stanford, en los que alumnos brillantes escuchan conferencias de profesores que han recibido el premio Nobel. En la atmósfera hay un murmullo de entusiasmo que habla de oportunidades, capacidad inventiva y éxito.

Pero si escuchas con atención, distinguirás otro murmullo diferente que corre paralelo al anterior. El murmullo de la ansiedad crónica.

Cuando llegué a Stanford para cursar mis estudios de posgrado, me impresionó la cantidad de suicidios que se produjeron durante mi primer año en aquel lugar. Allí estábamos, en uno de los campus más soleados y espléndidos del mundo, recorriendo en bicicleta carreteras flanqueadas de palmeras para asistir a clase, rodeados de los académicos y estudiantes más brillantes del mundo y, sin embargo, había mucho sufrimiento.

Tanto nos entristecieron estos sucesos a una compañera de estudios y a mí que decidimos ofrecer talleres sobre felicidad y conciencia plena a los estudiantes; posteriormente también ayudé a fundar el primer curso de psicología de la felicidad de Stanford. Gracias a estas clases conocí a estudiantes de grado y posgrado de todas las áreas. Y entendí de dónde procedían la ansiedad y el sufrimiento, no solo en Stanford sino también en todo Silicon Valley y, en realidad, en todas las comunidades formadas por gente especialmente exitosa que había conocido en Yale, Columbia y Manhattan.

Los estudiantes, centrados en el futuro y en todo lo que tenían que conseguir, se encontraban en un estado de ansiedad permanente. Todo el mundo participaba en una carrera frenética por alcanzar un logro tras otro. Antes de que hubieran terminado una tarea ya estaban pensando en el siguiente objetivo en el nombre de la productividad y el éxito. Debido a esto, eran incapaces de estar presentes y alegrarse por sus logros actuales, y mucho menos de disfrutar su vida.

Jackie Rotman era una de las muchas estudiantes sobresalientes que participaron en mis talleres.[2] Estaba acostumbrada al éxito. Siendo apenas una adolescente recibió la atención de los medios de comunicación por su dedicación al servicio de la comunidad. Con catorce años fundó Everybody Dance Now, una organización sin ánimo de lucro dedicada a enseñar baile a los jóvenes de escasos recursos para ayudarlos a mantenerse apartados de las calles y a desarrollar la confianza en sí mismos. Además de su compromiso con el servicio comunitario, destacó en el instituto —ganó varias becas y subvenciones gracias a sus logros académicos— y se hizo con el título de Miss Adolescente de California antes de conseguir la codiciada admisión en Stanford para cursar estudios de grado. Allí siguió disfrutando del reconocimiento público cuando expandió su organización sin ánimo de lucro a nivel nacional, apareció en MTV en el programa *America's Best Dance Crew* y la revista *Glamour* la nombró una de las diez mejores universitarias.

Jackie sabía que tenía que conseguir logros para ingresar en la universidad. No obstante, con lo que no contaba era con que una vez admitida tendría que seguir manteniendo el listón alto. Observó con preocupación que una vez en Stanford, todo el mundo se esforzaba frenéticamente por lograr más premios, más reconocimiento y mayores éxitos. «Incluso al presentar a alguien se mencionaban siempre sus anteriores logros como parte de la presentación: este es fulano de tal, que hizo todas estas cosas impresionantes», me contó. Se sentía agotada, pero sus profesores insistían en que debía seguir alcanzando metas y en que tenía que darse prisa para que sus compañeros de curso no se le adelantaran. «Mis amigos creaban organizaciones sin ánimo de lucro que recibían reconocimiento nacional, se convertían en becarios de Rhodes, eran nominados por Forbes como parte de los "Veinte menores de veinte" o llegaban a ser atletas olímpicos. Uno de mis amigos era el miembro más joven del consejo deliberante de California y el tercer candidato político respaldado por Oprah, ¡en su último año de estudiante universitario!».

Jackie me contó, como ejemplo, lo que le ocurrió al solicitar una beca a los diecinueve años en su primer año de universidad. Como parte de los requisitos para obtenerla se le pidió que describiera qué programa de posgrado pensaba cursar, a qué clases asistiría, qué trabajo conseguiría al terminar, una planificación profesional de diez años, los problemas mundiales que se había planteado resolver con su carrera y sus implicaciones políticas, ¡además de describir la amplia experiencia de liderazgo que debería haber demostrado al llegar a ese punto de su vida! «Se te obliga a pensar muy a largo plazo en tu futuro [...] Eres como un hámster que no hace otra cosa que darle vueltas a la noria de su jaula intentando llegar a algún sitio. Y hay una competencia feroz por llegar».

Carole Pertofsky, directora de Promoción de la Salud y el Bienestar en Stanford, con quien fundé la primera clase de psicología de la felicidad de la universidad, me explicó el «síndrome del pato de Stanford».[3] A simple vista, los estudiantes parecen patos pacíficos, que se deslizan tranquilamente bajo el sol, disfrutando satisfechos del esplendor y la belleza de su éxito. Sin embargo, si miras bajo la superficie, esta estampa presenta un reverso siniestro: el pato mueve furiosamente las patas luchando por permanecer a flote y seguir moviéndose. Carole cuenta la historia de una estudiante que fue a hablar con ella tras la primera clase del curso sobre la felicidad. La estudiante le anunció que iba a dejar la universidad. «Cuando le pregunté por qué, me dijo que iba en contra de todo lo que le habían enseñado: "Mis padres me dijeron que mi misión en la vida era tener mucho, mucho éxito. Cuando me hice mayor, les pregunté qué necesitaba hacer para tener mucho éxito, y me dijeron que me esforzara al máximo. Pasó el tiempo y les pregunté cómo sabía si me estaba esforzando lo suficiente, y me respondieron que lo sabría cuando sufriera"». Carole explica que esta mentalidad es el trasfondo de los estudiantes sobresalientes de Stanford. El objetivo constante es alcanzar metas, y se supone que debes pagar el precio sacrificando tu bienestar.

Esta competición feroz no se produce solo en Stanford o en Silicon Valley. Está en *todas partes*. Ya seas diseñador de páginas web, profesor, bombero u oficial de la marina, se te anima a seguir tachando objetivos de tu lista, conseguir logros y concentrar tus esfuerzos en el futuro. Siempre hay algo más que puedes hacer para ir por delante en el trabajo: un proyecto o responsabilidad extra que puedes aceptar, más formación para asegurarte un ascenso io una inversión adicional que puedes hacer por si acaso! Siempre hay un compañero de trabajo que echa más horas, mostrándote que tú también puedes, y deberías, hacer más. Y por eso te esfuerzas sin descanso para superar tus objetivos, tratando siempre de ponerte al día en tu ambiciosa lista de tareas.

¿Por qué? Porque vives bajo esa premisa errónea de que si quieres triunfar en la vida, tienes que estar continuamente haciendo cosas y pasando a tu próximo objetivo tan pronto como sea posible. Siempre estás pensando en la siguiente tarea, el siguiente logro, la siguiente persona con la que tienes que hablar. Mientras tanto, sacrificas el presente (renunciando a tu felicidad, aguantando emociones negativas y un estrés tremendo) porque crees que la recompensa final merecerá la pena. La consecuencia es que terminas atrapado en una frenética adicción al trabajo que te provoca ansiedad. Puede que te preguntes: «¿Qué estoy haciendo en este preciso momento para alcanzar mis objetivos futuros?». Si no te estás haciendo esta pregunta, es probable que tu jefe, tu socio o tus compañeros de trabajo se la estén haciendo. Y puede que te sientas mal si tu respuesta es «nada». De ahí la necesidad de estar constantemente haciendo algo para mejorar.

Vives atrapado por ese empeño constante de conseguir logros, añadiendo siempre datos a tu biografía y apuntándote todos los tantos que puedes. No has terminado una tarea cuando ya estás pensando en la siguiente. Te esfuerzas por tachar cosas de tu lista, y luego, inmediatamente, añades otras nuevas. Puede que estés trabajando en una conferencia o en un artículo, pero ya estás dándole vueltas al tema que tratarás después de este. Incluso en casa, puedes estar fregando los platos pero al mismo tiempo estás confeccionando una lista mental de las demás labores domésticas que tienes que realizar.

Por supuesto, esta tendencia a centrarte en terminar tareas no tiene por qué ser algo negativo: ¡los logros son buenos! Pero, paradójicamente, estar siempre pendiente de la siguiente actividad termina por impedirte el mismo éxito que estás persiguiendo. Cuando todo el mundo adopta la perspectiva de que cada minuto es una oportunidad para conseguir más y avanzar, te quedas atrapado en este planteamiento, y no te detienes a cuestionarte si a ti te funciona. Es posible que incluso te sientas orgulloso de tu fuerza de voluntad.

La investigación demuestra que la capacidad de los niños para postergar su gratificación, es decir, la fuerza de voluntad para dejar de hacer lo que les brinda una satisfacción inmediata y así poder recibir una recompensa aún mayor más tarde, predice el éxito que tendrán en la vida.[4] En un estudio clásico, se ofreció una golosina a unos niños (como un caramelo o una galleta) y se les dijo que si no se la comían enseguida, después les darían el doble o más. Los que fueron capaces de esperar terminaron viviendo mejor al llegar a adultos.

En líneas generales suena bien, ¿verdad? Sin embargo, el problema viene cuando, como adultos, seguimos postergando nuestra felicidad con objeto de conseguir más para luego poder ser todavía más felices, o por lo menos eso es lo que pensamos. Este proceso de postergación puede alargarse infinitamente y convertirse en adicción al trabajo, lo que perjudica al mismo éxito y felicidad que estamos buscando.

LA TRAMPA DE LA ALEGRÍA ANTICIPATORIA

En su libro *Authentic Happiness* [La verdadera felicidad],[5] el psicólogo Martin Seligman cuenta la historia de un lagarto doméstico que se negaba a comer y estaba muriéndose lentamente de hambre. El dueño del lagarto no sabía qué hacer para salvarle la vida. Un día, cuando el dueño estaba comiendo un sándwich, el lagarto sacó todas las fuerzas que le quedaban y se abalanzó sobre él. En realidad no se estaba muriendo por falta de comida. Sencillamente prefería morirse de hambre antes que seguir viviendo sin la oportunidad de *cazar*.

También a nosotros nos atrae la cacería. Esta es la razón por la que nos engancha tanto la consecución de logros. Este placer de perseguir algo, la emoción de una posible (o imaginada) recompensa potencial, es lo que se llama *alegría anticipatoria*. Esta alegría anticipatoria, que prevalece tanto en los animales como en los seres humanos, nos ayudó a sobrevivir (a través de la búsqueda de alimentos) y aseguró nuestra reproducción como especie (por medio de la búsqueda de parejas sexuales). Es lo que hace que las parejas difíciles de conseguir resulten tan atractivas, las ventas de Black Friday tan irresistibles, los «me gusta» de Facebook tan adictivos y el último iPhone tan seductor. El deseo nos entusiasma, da igual que sea por un trofeo, un ascenso, un trozo de *pizza* en un restaurante famoso, o por tener seguidores en Twitter. La alegría anticipatoria es el motivo por el que la gente va a mirar los escaparates de las tiendas, hace apuestas o prueba un Ferrari. Los publicistas son expertos en aprovecharse de esa pasión que todos sentimos por una buena cacería. Usan técnicas como ofertas especiales y oportunidades únicas o limitadas para tentarnos: «¡No te pierdas las últimas rebajas!», «¡Oferta por un periodo limitado!». Quizá descubras que tú también usas estas técnicas en tu trabajo o al negociar.

En realidad la adicción al trabajo no es más que otra cacería camuflada. La alegría anticipatoria es lo que impulsa la adicción al trabajo, una tendencia a trabajar excesivamente y de manera compulsiva. La investigación llevada a cabo por Michael Treadway ha demostrado que las personas que trabajan mucho segregan mayores cantidades de dopamina (neurotransmisores que son los marcadores del placer) en las áreas cerebrales de recompensa.[6] Esas personas que se esfuerzan incansablemente se alimentan de la subida que experimentan al responder un correo electrónico más, quitarse de en medio otro proyecto o tachar un último objetivo de la lista. En nuestra sociedad, la adicción al trabajo, al contrario que las adicciones que tienen que ver con el alcohol u otras sustancias, tiene una recompensa (con ascensos, primas, elogios, trofeos, etc.) y por lo tanto está considerada como algo positivo a pesar de sus efectos perjudiciales para el bienestar a largo plazo.[7] La mentalidad de «cazador» está presente en toda nuestra cultura porque podría decirse que nos estamos enfrentando al momento más difícil de la historia de la humanidad para resistir estímulos externos. ¿Por qué? Porque la tecnología nos permite tener a la vista en todo momento las exigencias laborales o personales. Gracias a los ordenadores, teléfonos inteligentes y tabletas, tenemos la última petición del jefe en la bandeja de entrada del correo y aparecen recordatorios de nuestra lista de tareas por hacer en las pantallas y anuncios de mensajes en los móviles. Ni siquiera hemos de hacer el más mínimo esfuerzo para revisar estos aparatos; nuestro móvil o nuestro reloj Apple emitirán una señal o un zumbido para notificarnos que han llegado nuevos correos o mensajes. Además, pasamos tiempo en las redes sociales (LindkedIn, Facebook, Twitter) para estar al tanto de las últimas noticias y conectados con nuestra red.

La profesora de la Facultad de Negocios de la Universidad de Harvard, Leslie Perlow, autora del libro *Sleeping with Your Smartphone* [Dormir con tu móvil] llama a esas personas que no pueden separarse de su trabajo «adictos al éxito» porque cree que tienen una adicción a los logros. Sufren de lo que se ha denominado elocuentemente con el acrónimo FOMO,[*] o miedo a perderse algo. Necesitan estar siempre «disponibles» por si acaso, para asegurarse de que lo tienen todo bajo control y de que dominan el

---

[*] N. del T.: acrónimo de la expresión inglesa *fear of missing out.*

próximo proyecto o consiguen el siguiente acuerdo. «Estamos obsesionados con el trabajo por la satisfacción que obtenemos con el reconocimiento de cada logro, no por que sintamos en nuestro interior una satisfacción enorme al trabajar muchas horas, como fin en sí mismo», afirma Perlow en un artículo de la publicación *Harvard Business Review*,[8] y señala que, desgraciadamente, los adictos al éxito también son los que se quedan trabajando por teléfono y respondiendo correos en lugar de ver a sus hijos crecer o de asistir a la boda de su mejor amigo.

Dada nuestra propensión a la alegría anticipatoria y nuestra tendencia compulsiva a la caza, no es ninguna sorpresa que nos sintamos impulsados a hacer cada vez un mayor número de cosas, a coleccionar logros y metas para asegurarnos un posible éxito en el futuro.

No obstante, lo que no sabemos es que este vivir centrados en la productividad, de hecho, perjudica, en lugar de favorecer, nuestras posibilidades de alcanzar el éxito.

POR QUÉ VIVIR PENSANDO EN EL FUTURO NO CONDUCE AL ÉXITO

La razón por la que estamos tan enganchados a obtener resultados es que creemos que la recompensa que nos aportan estos logros (un premio o una cuenta de ahorros más abundante) nos conducirá finalmente a la mayor recompensa de todas: la felicidad. Vivimos bajo la ilusión de que el éxito, la fama, el dinero o cualquier otra meta que estemos persiguiendo nos brindará una especie de satisfacción duradera. Con frecuencia esperamos ser felices cuando terminemos este o aquel proyecto. Por ejemplo, podrías pensar que si trabajas como un maníaco, conseguirás ese ascenso que vas buscando con un gran aumento de sueldo, lo que aliviará los problemas económicos de tu hogar, y una vez que esos problemas hayan desaparecido..., bien, entonces serás feliz por fin.

Sin embargo, incluso cuando alcanzamos nuestras metas, la recompensa por la que hemos aguantado todo el estrés, la ansiedad y las repercusiones del exceso de trabajo en nuestra salud, es fugaz. Dan Gilbert, de la Universidad de Harvard, ha demostrado que somos muy torpes cuando intentamos vaticinar lo que nos hará o no felices.[9] Solemos sobrevalorar la felicidad que creemos que algo nos proporcionará. Lo mismo que un gato que persigue un juguete pero pierde interés en cuanto lo atrapa, cuando por fin conseguimos lo que queremos (recibir una gran paga extra al final del año, encontrar el trabajo perfecto o incluso ganar la lotería), solemos descubrir que no estamos tan contentos como creíamos que íbamos a estar.[10]

Por supuesto, centrarnos en el futuro también tiene su lado bueno. Hacer planes no solo es inteligente sino incluso fundamental en muchos aspectos de la vida, desde el desarrollo profesional hasta la economía personal. Tenemos que anticiparnos a lo que va a suceder y, por eso, sentimos cierta ansiedad («¿Cómo puedo asegurarme de que mi equipo entregue sin problemas nuestro producto a los clientes?», «¿Cómo voy a pagar la hipoteca?»). La investigación demuestra que pensar en el futuro puede ayudarte a tomar decisiones más inteligentes a nivel general,[11] entre otras cuánto dinero debe ir a la cuenta de ahorro.[12] A su vez, la alegría anticipatoria nos proporciona determinación, entusiasmo y la resistencia necesaria para esforzarnos duramente por un ascenso o un contrato comercial, para terminar una maratón, conseguir una licenciatura universitaria o aprender a hablar con fluidez otro idioma. Disfrutamos persiguiendo nuestros sueños y valoramos más las cosas si hemos trabajado duramente para conseguirlas.

Sin embargo, tratar constantemente de obtener resultados y pensar siempre en el próximo objetivo de nuestra lista da lugar a dos problemas importantes: irónicamente, hacer esto te impide obtener todo el éxito que quieres alcanzar y causa estragos en el cuerpo y en la mente. Muchos estudios muestran que esa actitud del adicto al trabajo o al éxito puede ser perjudicial en varios niveles:[13]

- **Salud.** Está asociada a niveles inferiores de salud física y psicológica. Especialmente se asocia con desgaste, agotamiento emocional, cinismo y despersonalización (una sensación perturbadora de disociación de ti mismo que acompaña al estrés o el trauma prolongados). También está asociada a una menor satisfacción vital general.[14]
- **Trabajo.** Puede (de una forma contraproducente quizá) perjudicar a la productividad y el rendimiento.

Se ha asociado a una menor satisfacción en el trabajo y a un aumento del estrés laboral, lo que reduce la productividad[15], por ejemplo disminuyendo la capacidad de atención.[16] Esto no debería extrañarnos. Si estás continuamente pensando en el siguiente objetivo que debes alcanzar, solo parte de tu atención estará dirigida hacia tu actividad presente.

- **Relaciones humanas.** En el trabajo, centrarte continuamente en alcanzar logros puede incrementar las interacciones negativas con los compañeros, lo que conduce a la competitividad, la rivalidad y la desconfianza, lo que a su vez lleva a comportamientos laborales contraproducentes.[17] En las relaciones personales, esto se asocia a niveles más altos de conflicto entre vida personal y laboral, reducción de la satisfacción y el buen funcionamiento en la vida familiar y problemas de relación con la pareja.[18] Si estás siempre pensando en el siguiente objetivo que quieres conseguir, probablemente no estés muy presente con tu familia y tus seres queridos. Inevitablemente sentirán que no son tan importantes como ese asunto en el que estás pensando cuando te encuentras con ellos.

A nivel superficial podría parecer que lo tenemos todo, pero por dentro, estamos agotados, no rendimos todo lo que podríamos y nos sentimos mal a nivel emocional y físico mientras nuestras relaciones sufren.

LOS BENEFICIOS DE VIVIR EN EL PRESENTE

Lo curioso es que ir más despacio y centrarte en lo que está sucediendo ahora mismo delante de ti, estar presente en lugar de estar siempre pensando en lo siguiente, te hará tener mucho más éxito. Frases como «vive en el momento» o «*carpe diem*» suenan como clichés; sin embargo, la ciencia las respalda firmemente. La investigación demuestra que permanecer presente, en lugar de estar constantemente centrándote en lo que tienes que hacer después, te vuelve más productivo y más feliz y, además, te proporciona esa cualidad imprecisa que atribuimos a la mayoría de la gente que tiene éxito: el carisma.

Estar presente te hace más productivo y feliz

La mayoría de las personas hemos olvidado esa sencilla habilidad de permanecer en el presente. Mantenemos una agenda repleta de actividades en la que apenas queda un hueco y dedicamos cada momento a realizar varias tareas a la vez. Por ejemplo, llevamos a los niños al parque después del trabajo y mientras lo hacemos llamamos a un compañero, asistimos a una reunión mientras trabajamos en nuestra lista de tareas por hacer para el día siguiente o publicamos una actualización de nuestro estado en LinkedIn mientras almorzamos con un amigo.

Cuando hacemos varias cosas a la vez, nunca estamos totalmente atentos a lo que está ocurriendo ahora mismo, nos perdemos lo que está sucediendo en este preciso momento.

Dadas las exigencias de nuestra época actual y la presencia de la tecnología en todos los ámbitos, es inevitable sentir la presión de múltiples obligaciones personales y profesionales al mismo tiempo: puede que te encuentres en una reunión de trabajo y a la vez estés pendiente de los mensajes de texto de tu pareja, que necesita que la lleves a casa en coche, o tal vez estés finalizando un documento de trabajo mientras revisas los correos para poder responderle inmediatamente a un cliente. En algunos centros de trabajo se supone que debes ir contestando minuto a minuto los correos que te lleguen. Incluso cuando no hay urgencia por medio, realizar varias tareas a la vez se ha convertido en una manera de vivir. Te has acostumbrado a revisar el móvil mientras trabajas, mientras pasas tiempo con tu familia e incluso en el gimnasio y durante las vacaciones.

En realidad, hacer varias tareas a la vez, en lugar de ayudarnos a terminarlas con mayor rapidez, nos impide hacer bien cualquier cosa. Cuando estás realizando cualquier tarea individual, si eres capaz de prestarle toda tu atención, la efectuarás con mucha mayor eficacia y de manera más rápida, disfrutando además mientras lo haces.

Si llevamos a cabo varias tareas a la vez, no podemos asimilar en profundidad el material con el que trabajamos. La investigación demuestra que hacer varias cosas al mismo tiempo perjudica a la memoria. En una investigación, los estudiantes universitarios que tenían sus portátiles encendidos durante una conferencia obtuvieron una puntuación más baja que quienes los habían tenido apagados en un examen sobre lo que recordaban de la conferencia.[19] Asimismo, la investigación demuestra que nuestras aptitudes de concentración se debilitan, ya que perdemos la capacidad de distinguir la información innecesaria y por lo tanto estamos pensando constantemente en otros asuntos.[20] En cierto sentido, hemos entrenado nuestro cerebro para procesar varias cosas a la vez, pero el resultado es que nada se procesa bien. Un estudio demostró que si estás conduciendo y escuchando a alguien que te habla al mismo tiempo, la activación del cerebro que de otro modo estaría dedicada a conducir disminuye en un 37%.[21] En otras palabras, realizar varias tareas a la vez puede significar hacer más cosas, pero también hacerlas peor. Una directiva de una empresa de comunicaciones me dijo que muchos de sus empleados están tan centrados en varias cosas a la vez que terminan entregando un trabajo pésimo. Se ve obligada a decirles que las hagan más despacio (una petición bastante rara en un directivo) porque sabe que si están presentes y pensando conscientemente en cada tarea, no solo rendirán mejor sino que también aprenderán de cada actividad y de esta manera mejorará su rendimiento futuro.

Cuando llevamos a cabo varias acciones al mismo tiempo o estamos preocupados por la próxima tarea de nuestra lista, no solo empeoramos nuestro rendimiento, sino que quizá perjudiquemos también nuestro bienestar. Un estudio llegó a la conclusión de que cuanto más nos dedicamos a varias cosas a la vez (desde escribir documentos hasta mandar mensajes de texto y correos electrónicos), mayores tienden a ser nuestros niveles de ansiedad y depresión.[22] Si diferentes estímulos llaman tu atención, llevándola constantemente de un lado a otro, es natural que te sientas más estresado y abrumado.

Por otro lado, la investigación demuestra que si nos hallamos completamente en sintonía con lo que estamos haciendo, disfrutamos más plenamente de esa actividad.[23] Es más, estar completamente presente nos permite entrar en un estado de absorción completa que es extremadamente productivo. Acuérdate de algún momento en el que te enfrentaste a un proyecto que te preocupaba. Sabías que necesitarías esforzarte mucho; quizá estuviste posponiéndolo todo lo que pudiste. Sin embargo, una vez que empezaste (posiblemente porque el plazo de entrega no te dejaba más remedio que hacerlo), te entregaste al proyecto y este salió prácticamente sin esfuerzo. Descubriste que, de hecho, disfrutabas realizándolo. Te volviste tremendamente productivo porque te habías centrado por completo en la tarea que tenías entre manos. En lugar de estar estresado por el futuro y de tener la atención dividida en mil sitios diferentes, te dedicaste a hacer el trabajo, lo hiciste bien y, por si fuera poco, estabas contento.

La investigación realizada por Mihály Csíkszentmihályi sugiere que cuando estás inmerso totalmente en una actividad, experimentas un estado puro de gozo, lleno de energía, al que llama *fluir*.[24] Este fluir se produce cuando estás concentrado al cien por cien en una actividad que es lo suficientemente compleja para que te involucres en ella (pero no tan difícil como para que tardes días en resolver-la). Es un estado en el que permaneces por completo en el momento presente, y esto te produce un enorme placer. Con frecuencia dejas de ser consciente de cualquier otra cosa que no sea tu actividad. Te encuentras completamente absorto en esa tarea. Estás en el momento y da la impresión de que, tal y como indica el término, todo fluye. Esas experiencias de presencia son profundamente enriquecedoras porque te sumerges con todo tu ser, en cuerpo y mente, en lo que estás haciendo.

Hubo un tiempo en el que me desesperaba realizar gran parte de las tareas rutinarias, como llenar el depósito de gasolina, cambiarle el aceite al coche, llamar a la empresa de la electricidad para reclamar una factura o ir a hacer las compras al supermercado. Encargarme de estas tonterías en lugar de ser «productiva» (de hacer algo que serviría a algún objetivo futuro como avanzar en mi carrera) me parecía una pérdida de tiempo. Incluso buscaba la manera de encargar a otros estas tareas. Finalmente, comprendí que al estar siempre en «modo productivo», no solo me estaba quemando persiguiendo ese próximo objetivo, sino que me perdía la alegría de disfrutar de toda la gente y las oportunidades que había a mi alrededor. En realidad mi vida era lo que sucedía justo en ese momento, pero me la estaba perdiendo. Por ejemplo, me encontraba con un amigo a quien no había visto en mucho tiempo pero no podía estar presente porque debía revisar el correo para saber si me había perdido algo o tenía que regresar temprano a casa para «terminar unos asuntos». En realidad, vivía en una ansiedad constante... con la mente atrapada continuamente en el futuro.

Cuando me operaron de la vesícula, dejé de ir por la vida corriendo a toda velocidad. Me vi obligada a estar dos semanas sin hacer nada. No tenía elección. Lo que me sorprendió es que, a pesar del intenso dolor físico, la vida se volvió instantáneamente mil veces más placentera. Era como si absorbiera la luz que me rodeaba. La comida sabía muchísimo mejor, descansaba profundamente y sentía una alegría increíble sin ningún motivo. ¿Qué sucedía? ¿Necesitaría estar de vacaciones el resto de mi vida? No, no era el hecho de estar de baja en el trabajo; era que me había dado de baja de ese tirano interior que me obligaba a hacer cosas continuamente. Gracias a esto, podía estar presente, realmente presente en cualquier situación en la que me encontrara. Y comprendí que me había perdido el inmenso goce de las actividades diarias y las relaciones sociales, que ni siquiera había dedicado tiempo a apreciar el entorno. Lo curioso es que cuando volví al trabajo, descubrí que estaba más presente en mis actividades y con mis compañeros de trabajo, y por eso conseguía hacer más tareas, y mucho más eficientemente que cuando mi mente estaba preocupada con pensamientos sobre el futuro.

Sin embargo, muchos de nosotros nos perdemos esta increíble experiencia de productividad y felicidad durante gran parte de nuestras vidas. Según un estudio realizado con cinco mil personas por Matthew Killingsworth y

Daniel Gilbert, de la Universidad de Harvard, los adultos solo pasan el 50% de su tiempo en el momento presente.[25] En otras palabras, estamos mentalmente ausentes la mitad del tiempo que pasamos trabajando, en compañía de nuestros amigos y familia o participando en actividades de las que normalmente disfrutaríamos. Estamos absortos en un millón de cosas que no tienen nada que ver con lo que está sucediendo en este momento.

Los científicos, además de evaluar cuándo divagaba la mente de los sujetos, recogieron también información sobre sus niveles de felicidad. Descubrieron que cuando estamos en el momento presente (es decir, pensando en la actividad que estamos realizando), es también cuando nos sentimos más felices, da igual lo que estemos haciendo. En otras palabras, incluso si estás realizando una actividad que normalmente te resulta desagradable (como completar una declaración de la renta), eres más feliz cuando te centras al cien por cien en esa actividad que cuando estás pensando en alguna otra cosa mientras la realizas. Es por eso por lo que Killingsworth y Gilbert titularon su estudio «Una mente que divaga es una mente infeliz».

Otras investigaciones han confirmado que, por lo general, una mente divagadora se asocia con un estado de ánimo negativo.[26] Cuando tu mente está atrapada en el pasado o el futuro, lo más probable es que experimentes emociones negativas. La ansiedad y el miedo, por ejemplo, surgen cuando la mente está centrada en el futuro. En concreto, cuando te centras en pensar cuánto te queda aún por conseguir, lo normal es que sientas ansiedad y estrés. En cuanto a otros estados negativos, como ira o frustración, notarás que cuando surgen, tu mente está atrapada en el pasado; lo que te enfadó, sea lo que sea, ya pasó; sin embargo, sigues dándole vueltas. El arrepentimiento también tiene que ver con el pasado. Ahora estamos en un día, una hora y unas circunstancias distintas, pero sigues rumiando unos hechos que te hubiera gustado manejar de otra forma.

Ciertamente no estoy diciendo que no podamos soñar despiertos ni rememorar el pasado; todo lo contrario, como veremos en el capítulo 4, deberíamos dedicar un tiempo a estas actividades ya que son ellas las que alimentan nuestra creatividad. Soñar despierto imaginando circunstancias maravillosas en el futuro puede conducir a pensamientos creativos y emociones más positivas. También puedes sentir alegría al revivir un recuerdo feliz o reflexionar sobre un tema especialmente interesante.[27] Sin embargo, como muestran Killingsworth y Gilbert, si estamos centrados en una tarea, somos más felices y más productivos cuando le prestamos toda nuestra atención.

¿Por qué el presente nos hace sentir felices? Porque experimentamos plenamente lo que nos rodea. En lugar de estar atrapados en una carrera por conseguir más, más rápido, vivimos más despacio y *conectamos* realmente con la gente con la que estamos, nos *sumergimos* en las ideas que estamos tratando y *participamos plenamente* en nuestros proyectos.

Todos podemos elegir opciones que nos ayudan a estar presentes en nuestras tareas. Limpia tu mesa de distracciones, silencia el móvil, usa programas como Focus para bloquear los sitios de Internet que postergan tu trabajo (como las redes sociales) y cierra el correo electrónico. Fija una alarma para asegurarte de que te dedicas a la tarea que tienes entre manos hasta cierto momento. A mí me gusta usar un viejo reloj de arena.

Estar presente aumenta tu carisma

Si en una fiesta conoces a alguien cuyos ojos están continuamente mirando alrededor de la sala, ¿te causa una buena impresión? ¿Te resulta magnético o encantador? Lo más probable es que no. Es evidente que su mente está en otra parte, quizá tratando de descubrir si hay alguien en la sala que sea más importante que tú. No se está centrando en la conversación, y puede que eche un vistazo rápido a su teléfono móvil o incluso que se fije en él más tiempo. ¿Te gustaría volver a hablar con esa persona? Apostaría a que no. A nadie le interesa hablar con alguien que no está presente. Y peor aún, no solo no está presente sino que está absorto mirando una pantallita. Un estudio[28] reveló que la mera presencia de un teléfono móvil disminuía la sensación de conexión en una conversación cara a cara.

En cambio, si te encuentras con alguien que te presta toda su atención y que participa activamente en la conversación, es mucho más probable que te parezca agradable e interesante. Si su móvil suena y no le hace caso, gana el doble de puntos. ¿Por qué? Porque en ese momento, lo único que parece importarle en el mundo eres tú. En ese momento tú eres la persona más importante que existe y por eso te regala toda su atención.

Un individuo carismático es capaz de ejercer una influencia importante porque conecta con los demás profundamente.[29] No es de extrañar que a aquellos con un gran carisma (a menudo se pone el ejemplo de los jefes de estado) se los describa como individuos con la habilidad de hacerte sentir como si fueras la única persona que está en la habitación. Teniendo en cuenta lo raro que es recibir ese tipo de atención por parte de alguien, la capacidad de estar totalmente presente causa una impresión extraordinaria.

Con frecuencia pensamos en el carisma como si se tratara de un don especial, ese *je ne sais quoi* que hace que alguien brille como una estrella. Max Weber definía el carisma como «una cierta cualidad de una personalidad individual que separa a una persona de las personas corrientes y hace que la traten como si poseyera cualidades o poderes sobrenaturales, sobrehumanos o al menos excepcionales. Estos no son [...] accesibles a las personas normales, sino que se consideran como de origen divino o ejemplar, y es por ellos por lo que dicho individuo es tratado como un líder».[30]

Aunque la investigación sobre el carisma está aún en sus primeros pasos, uno de los estudios más extensos sobre este tema reveló que, más que un don, es una aptitud que se puede aprender y que se basa en gran medida en la capacidad de estar *totalmente presente*.[31] El estudio apuntó a los siguientes seis elementos de la persona carismática:

1. **Empatía.** La capacidad de ver las cosas desde la perspectiva de otra persona y de entender cómo se siente. Solo puedes ser empático y ponerte en el lugar de otro si prestas toda tu atención a esa persona, y obviamente esto solo puedes hacerlo si estás completamente presente con ella.

2. **Buenas aptitudes de escucha.** La capacidad de escuchar de verdad lo que alguien está tratando de comunicarte, de manera tanto verbal como no verbal. Piensa en esas personas que te interrumpen continuamente y no pueden esperar para intercalar como sea su opinión. En realidad no te están escuchando, porque lo único que piensan es en sí mismas, en lo que dirán, en lo inteligentes que van a parecer al decirlo, en lo impresionado que te dejarán. Si estás distraído o pensando en lo próximo que vas a decir (esto es, no estás presente de verdad), no estás escuchando de verdad.

3. **Mirar a los ojos.** La capacidad de mirar a alguien y de mantener su mirada. El contacto ocular es una de las formas más poderosas de conexión humana.[32] Intuitivamente sentimos que cuando la mirada de alguien se aparta de nosotros, su atención se ha alejado también con ella. Y esta intuición está respaldada por la investigación neurocientífica,[33]

que ha descubierto que se usan las mismas áreas cerebrales cuando la mirada va de un lado a otro y cuando la mente divaga. Cuando estás presente y mirando a alguien a los ojos, el impacto de esa conexión puede ser poderoso. Además de sentirse escuchada, debido a tu empatía y buenas aptitudes para prestar atención, la gente se siente vista.

4. **Entusiasmo.** La capacidad de elevar el ánimo de otra persona elogiando sus acciones o ideas. Es difícil fingir entusiasmo porque es una emoción tremendamente auténtica. Solo puede producirse cuando conectas sinceramente con lo que alguien está haciendo o diciendo. Para que tu entusiasmo resulte poderoso tienes que sentirlo sinceramente. Una vez más resulta fundamental tu capacidad de estar totalmente presente y conectado.

5. **Confianza en sí mismo.** La capacidad de actuar con autenticidad y seguridad sin preocuparse de lo que piensen los demás. A mucha gente le preocupa tanto la impresión que puede causar que termina transmitiendo una imagen de nerviosismo y falta de autenticidad. Cuando estás totalmente presente, te centras en los demás en lugar de en ti mismo. A consecuencia de esto, proyectas espontáneamente una apariencia de seguridad: en lugar de preocuparte de lo que los demás piensen sobre ti, te muestras sereno, genuino y natural.

6. **Hablar con elocuencia.** La habilidad de conectar profundamente con los demás. Es esencial conocer a tu público si quieres causarle impacto. Sin embargo, la única manera de hacerlo es centrarte en ellos. Cuando estés al cien por cien presente con tu público, entenderás cómo se sienten y cómo interpretan lo que dices. Solo entonces tus palabras serán inteligentes y apropiadas. Cuando hables con elocuencia, te escucharán de verdad.

En pocas palabras, carisma es presencia absoluta.

Aunque estar constantemente pendientes de la próxima actividad o la próxima persona con la que tenemos que tratar podría parecer productivo, aprender a vivir más despacio y a estar presentes aporta beneficios mucho más profundos. Al estar presente, entras en un estado de flujo altamente productivo que te aportará más carisma, y esto hará que la gente que te rodea se sienta entendida y apoyada. Tendrás buenas relaciones, uno de los elementos que mejor predicen el éxito[34] y la felicidad.[35]

CÓMO TRAER TU MENTE AL PRESENTE

Teniendo en cuenta los descubrimientos de Kilingsworth y Gilbert de que la mente divaga el 50 % del tiempo, devolverla al presente puede parecer una tarea insuperable. Admitámoslo: no será fácil superar un hábito que hemos mantenido durante años. Sin embargo, el primer paso es ser conscientes.

Cuando notas que tu mente se está dedicando a perseguir pensamientos orientados al futuro, no tienes por qué seguir ese curso de pensamientos; en lugar de eso *puedes* elegir centrarte en el presente. Digamos que estás trabajando en tu escritorio, jugando con tu hijo o cenando con tu pareja, y te das cuenta de que tienes la cabeza en otra parte. Por supuesto, no es la primera vez que tus pensamientos se alejan del presente, pero cuando observas conscientemente este patrón de conducta, puede resultarte un poco preocupante. Quizá pienses algo como: «¡Estoy aquí con mis seres queridos y ni siquiera puedo prestarles atención!». Sin embargo, es fundamental ser consciente de esto. Trata de llevar toda tu atención a lo que tienes frente a ti. Este ejercicio no es fácil al principio, pero, como cuando ejercitamos un músculo, puedes reforzar tu capacidad de estar presente repitiéndolo. Lo mismo que sucede con un deporte, hace falta práctica. Los siguientes ejercicios, cuando se realizan habitualmente, pueden ayudarte a estar presente con más facilidad.

Practica estar presente conscientemente

Comienza por un ejercicio de diez minutos. Por ejemplo, si tienes que preparar una conferencia usando PowerPoint o estás rellenando algún impreso burocrático, actividades que no te gustan o que quieres acabar lo antes posible, en lugar de eso, intenta prestarles toda tu atención. Utiliza estas actividades que te resultan tediosas como grandes oportunidades para entrenar tu atención.

Quizá descubras que incluso empiezas a disfrutarlas. Observa cuándo sientes la tentación de distraerte navegando por Internet o mirando el móvil y practica poner toda tu atención en la tarea que tienes entre manos.

Aparte del trabajo, dedica tiempo a contemplar el atardecer, a cepillar a tu mascota o a hacer las compras sin mandar mensajes de texto, sin hablar por teléfono, sin planear lo que vas a hacer más tarde. Cuanto más practiques estar presente en tus actividades, más se afianzará el hábito de estar presente. Aquí lo importante no es lo rápido que picas las verduras o en cuánto tiempo puedes preparar la cena. Se trata del acto mismo de picar, de que, por ejemplo, cortar las verduras de manera uniforme se convierta en una actividad placentera. Observa cada detalle.

Medita

Se calcula que en el año 2012 dieciocho millones de estadounidenses practicaron la meditación; ¡esto significa el 8% de la población![36] Probablemente el número haya aumentado desde entonces, teniendo en cuenta el creciente movimiento del *mindfulness* y un gran conjunto de estudios favorables. La meditación (de la que te hablaré extensamente en el capítulo 3) puede ayudarte a cultivar un estado de calma o tranquilidad, liberándote del ciclo de deseo y ansiedad que surge como consecuencia de perseguir el futuro. La investigación demuestra que los meditadores experimentados tienen menos actividad cerebral en áreas relacionadas con el divagar.[37]

He enseñado meditación a estudiantes, profesionales y veteranos durante años. Con frecuencia, tras la sesión, la gente me dice: «Ahora veo los colores de la sala mucho más brillantes». Esto no significa que la meditación mejore de alguna manera la visión —que yo sepa, no hay ninguna investigación que demuestre ese efecto—. Lo que en realidad sucede es que la mente se serena y gracias a eso nos volvemos más presentes y, por lo tanto, prestamos más atención a lo que nos rodea. Antes, cuando entramos en la sala, nuestra visión estaba oscurecida por una nube de pensamientos.

Hay muchas formas de meditación. Encuentra la que sea más adecuada para ti. Si no te atrae la meditación como medio para calmarte y centrarte, hay otras actividades, como el yoga, los ejercicios de respiración basados en el yoga, el taichí o pasear tranquilamente por la naturaleza, que pueden ayudarte a calmar tus pensamientos. En mi caso he descubierto (y la investigación preliminar también lo demuestra) que un automasaje con el aceite ayurvédico *abhyanga* es una manera excelente de tranquilizar la mente.[38] Encuentra la actividad que te permita calmar tu mente, tus pensamientos, tus emociones y tus deseos, para que puedas arraigar en el aquí y ahora.

Céntrate en la respiración

Una práctica antiquísima para traer la mente de vuelta al presente es concentrar tu atención en algo, por ejemplo en la respiración. Cuando veas que empiezas a divagar, inspira profundamente; al espirar, suelta tus pensamientos (como si estuvieras exhalándolos) y dirige tu atención al presente. Puede que tengas que repetir varias veces este ejercicio, siempre que quedes atrapado en una tormenta de pensamientos.

La investigación demuestra que contar la respiraciones es otro ejercicio de respiración que también ayuda a fortalecer la atención. Cuenta cada una de tus respiraciones y, al llegar a diez, vuelve a empezar. Aunque este ejercicio no suene muy emocionante, se ha demostrado que incrementa tu capacidad de prestar atención y permanecer en el momento presente.[39]

Céntrate en el placer

Este es un ejercicio divertido. Cuando sientas placer, cierra los ojos y fúndete totalmente con esa sensación. Ya sea emocional (como el amor) o sensual (comida, tacto o sonido), saboréala o experiméntala por completo. La investigación demuestra que aprender a recrearte en tus experiencias placenteras ayuda a extender esa sensación.[40] No solo disfrutarás más de esas experiencias, sino que probablemente sentirás ganas de repetirlas más a menudo porque te resultarán más satisfactorias.

Ponte a dieta tecnológica

Evan Price, el fundador de Pinterest, reconoce la importancia de desconectar. En una entrevista para *The New York Times* contó que le encanta viajar con su esposa a lugares tan alejados que los móviles se quedan sin cobertura.[41] Uno de los mejores ejercicios para estar presente y disfrutar es pasar medio día o el día entero alejado de dispositivos electrónicos, a ser posible en medio de la naturaleza, y sin ningún plan. Deja que tu mente descanse y se relaje. Camina sin rumbo fijo. Contempla el cielo. Esto puede sonar raro al principio, y puede que incluso te cause cierta ansiedad o nerviosismo porque no estás acostumbrado a no «hacer» nada. Puede que incluso te sientas incómodo (¡después de todo, un estudio demuestra que la gente prefiere recibir descargas eléctricas voluntarias a quedarse sentada en una habitación a solas sin hacer nada!),[42] pero procura superar ese estado. Solo es una fase. Cuando mi marido y yo visitamos un centro sin electricidad ni wifi en un santuario para aves de México, nos entusiasmaba la idea de estar completamente desconectados del mundo. Sin embargo, a pesar del sonido de las olas y de las bandadas de flamencos que podíamos ver por nuestra ventana, tardamos tres días en volver a adaptarnos a estar completamente presentes. La mente necesita un tiempo para serenarse. Puedes aprender a relajarla. La calidad de tu vida y tu trabajo depende de ello.

Hay un relato famoso que cuenta cómo un próspero agente de inversiones trata de convencer a un humilde pescador mexicano que pesca en el muelle para que aumente su productividad con objeto de ganar más dinero, incrementar su volumen de negocio y llegar a ser millonario en el futuro. El pescador pregunta: «¿Para qué?». Y el agente de inversiones le responde: «Para que puedas jubilarte, relajarte y dedicarte solo a pescar», precisamente lo que el pescador estaba haciendo desde el principio. Este relato ilustra cómo podemos quedarnos tan atrapados por la carrera en la que andamos metidos que nos olvidamos del objetivo final: ser feliz.

Por supuesto, es fundamental tener ambición y objetivos. Sin embargo, para alcanzar estos objetivos de la mejor manera posible, debes estar presente. Eso te permitirá encontrar satisfacción en el momento, en la tarea que tienes entre manos, en lugar de en un futuro distante tras haber logrado todas tus metas y tachado hasta la última tarea de tu lista. Cuando empiezas a vivir más despacio y a centrarte con todo tu ser en lo que estás haciendo y en la gente con la que te encuentras, todo se transforma en una experiencia gozosa, incluso lo que antes te resultaba aburrido. Ese gozo, a su vez, te lleva a rendir más, a ser más productivo, a volverte carismático y desarrollar mejores relaciones.

Tras asistir a nuestra clase sobre la felicidad y, posteriormente, aprender a meditar, Jackie Rotman empezó a vivir conscientemente en el presente. Terminó obteniendo unas calificaciones excelentes en Stanford y podría decirse que era una de las estudiantes más populares de su curso. Al contrario que muchas estudiantes que se encontraban estresadas y se pasaban el día encerradas en sus habitaciones pensando únicamente en sus objetivos, Jackie se centraba en la tarea que tenía entre manos. Disfrutaba la vida y estaba radiante y feliz. Gracias a su alegría contagiosa, tenía una capacidad extraordinaria para conectar con la gente y forjar amistades. Las amistades y las relaciones que creó le ayudaron enormemente a configurar su trayectoria laboral tras la graduación.

Como podemos ver en la historia de Jackie, para estar completamente presentes tenemos que cambiar nuestra atención. Este cambio puede resultar bastante difícil al principio, pero su efecto sobre nuestro bienestar y nuestro éxito bien merece el esfuerzo.

Capítulo 2

¡MÁS DESPACIO!

APROVECHA TU RESILIENCIA NATURAL

Las emociones vienen y van como nubes por un cielo
ventoso. La respiración consciente es mi ancla.

Thich Nhat Hanh

E n marzo de 2011, Antonio Horta-Osorio, una joven estrella del mundo de las finanzas, fue designado el director general más joven de los cinco grandes bancos del Reino Unido, a la cabeza del grupo bancario Lloyds. Su aparición en la escena suscitó enormes esperanzas para Lloyds, que se enfrentaba a un gran número de problemas. Horta-Osorio se esforzó incansablemente, trabajando a menudo noventa horas a la semana para intentar revertir la situación del banco.[1]

Todos deseamos el éxito. Como es natural, en qué consiste concretamente ese éxito depende de ti: ser una estrella del *rock*, una gran bailarina, un magnífico cocinero, el entrenador personal de un famoso, el director de tu propia empresa o el mejor padre o la mejor madre del mundo. La cuestión es que todos queremos desarrollar al máximo nuestras posibilidades. Cuando se trata de metas, sueños y aspiraciones, nadie quiere estar por debajo de la media. Y una de las cosas que hemos aprendido es que necesitamos tener *empuje*. Empuje, ambición, motivación, metas, ganas, puedes llamarlo como quieras.

Ese empuje nos parece una cualidad altamente deseable, da igual que lo encontremos en nuestros empleados, en nuestros familiares o en nosotros mismos. Constantemente tratamos de conseguir más y de ser mejores: mejorar en nuestras profesiones, perder peso, ganar más dinero, desarrollar nuestra condición física, ser padres ejemplares... El empuje es una buena cualidad, en su *justa medida*. El problema es que vivimos *demasiado* acelerados, y la ciencia, lo mismo que nuestras propias experiencias personales, nos muestra que estamos pagando un precio muy elevado por ello: el estrés crónico.

El estrés podría definirse como tener que enfrentarse a un desafío enorme y estar convencidos de no contar con los suficientes recursos para hacerlo. A lo largo de la historia los seres humanos han convivido con enormes desafíos. Durante siglos, el hambre, la guerra, las enfermedades, los desastres naturales y una gran mortalidad infantil formaban parte de nuestra vida cotidiana. Sin embargo, hoy en día, la mayoría no tenemos que luchar contra esos agentes estresantes. Aun así, nuestros niveles de estrés permanecen extraordinariamente elevados. Según el Instituto

Estadounidense del Estrés, una encuesta realizada a una muestra representativa de la población en 2014 muestra los siguientes resultados:

- Costes sanitarios anuales relacionados con el estrés para los empresarios: 3.000 millones de dólares.
- Porcentaje de personas que sufren habitualmente problemas físicos causados por el estrés: 77 %.
- Porcentaje de personas que sufren habitualmente problemas psicológicos causados por el estrés: 73 %.
- Porcentaje de personas que afirman tener problemas de insomnio debido al estrés: 48 %.[2]

Dado que estas estadísticas son del año 2014, es decir, una época en la que la mayoría de los estadounidenses vivía en entornos relativamente seguros y tenía cubiertas sus necesidades básicas (comida y alojamiento), las cifras son alarmantes. Es más, el 48 % sentía que su estrés había aumentado durante los últimos cinco años, lo que sugiere que los niveles de estrés se están elevando.

A los ocho meses de aceptar su puesto de directivo de Lloyds, con el gran poder y presión que conllevaba, Horta-Osorio se vio obligado a solicitar una baja médica debido al estrés y al cansancio excesivo soportados. Su nivel de estrés era tan alto que fue incapaz de dormir durante cinco días seguidos.[3] Cuando se conoció la noticia de su baja, Lloyds perdió mil millones de libras en valores de mercado. Paradójicamente, y tal y como demuestra el caso de Horta-Osorio, trabajar en exceso puede tener resultados contraproducentes e impedirnos alcanzar nuestras metas.

Hemos terminado por aceptar que no se puede tener éxito sin vivir de manera acelerada, que no es posible triunfar sin estrés. Sin embargo, estamos equivocados. La investigación demuestra que en realidad el estrés nos impide tener todo el éxito que podríamos tener. Hay una manera mejor de hacer las cosas: fomentar la resiliencia.

POR QUÉ CREEMOS QUE EL ÉXITO ES INSEPARABLE DEL ESTRÉS

¿Dónde hemos aprendido esa idea de que el estrés es una exigencia esencial para el éxito y una consecuencia inevitable de él? Nuestra cultura idealiza las profesiones que implican una presión elevada, desde los médicos de urgencias que trabajan en las situaciones más estresantes y los abogados, que vemos en las series de televisión, tremendamente ocupados encargándose de un caso tras otro, hasta libros y artículos de prensa que ensalzan a los extraordinarios directivos y emprendedores que dirigen las empresas más importantes, prestan su apoyo a causas de beneficencia y aún se las arreglan para ayudar a sus hijos a hacer los deberes.

Nuestra cultura también valora la perseverancia para alcanzar las metas y la lucha para superar a los demás, todo lo cual conlleva alguna forma de estrés. La idea de ser una persona decidida implica empuje, esfuerzo y competición. Cuando alguien completa con éxito un proyecto, alcanza un objetivo o consigue una proeza, se usan frases coloquiales para felicitarlo, del estilo de «has estado brutal», «ha sido bestial» o «los has machacado»; la contundencia forma parte de nuestra idea de éxito. Por eso valoramos la intensidad, una cualidad que inherentemente implica estrés fisiológico.

De hecho, el éxito se equipara popularmente con la agresividad. La investigación que dirigí en Stanford con la profesora de Psicología Jeanne Tsai demuestra que en Estados Unidos, cuando nos hallamos en una situación en la que queremos ejercer influencia sobre los demás, valoramos las emociones positivas de alta intensidad como el entusiasmo (en lugar de las emociones de baja intensidad como la calma).[4] ¿Por qué? Porque creemos que esas emociones harán que ejerzamos más influencia. En un estudio en el que asignamos a los participantes el papel de líderes o el de seguidores, descubrimos que quienes desempeñaban los papeles de liderazgo automáticamente querían sentir emociones positivas de mayor intensidad. Sin embargo, las emociones como el entusiasmo, a pesar de ser positivas, activan nuestra respuesta fisiológica del estrés debido a su intensidad. En otras palabras, incluso las emociones positivas que queremos sentir para poder triunfar son inherentemente estresantes y perjudican a nuestro organismo.

La idea de que estrés y éxito se encuentran inevitablemente unidos está tan enraizada en nuestra cultura y en nuestros hábitos de trabajo que nos sentimos orgullosos de nuestros niveles de estrés. Presumimos de lo ocupados que estamos o de la longitud de nuestras listas de tareas por hacer. Nos jactamos de lo apretada que es nuestra agenda. Le contamos a todo el mundo lo poco que dormimos y que hace años que no nos tomamos unas vacaciones. Puede que no nos guste sentirnos estresados, pero lo llevamos con orgullo. Es como si pensáramos que cuanto más estrés suframos (y, con un poco de suerte, aguantemos), más éxito alcanzaremos.

La ciencia demuestra que esta idea del éxito a base de empuje y estrés (a pesar de estar ampliamente aceptada) es contraproducente a la larga. Una pequeña dosis o subida de estrés puede ayudarnos a rendir al máximo e incluso a alcanzar un objetivo a corto plazo. Debido a este efecto positivo mucha gente cree que el estrés le ha sido útil en el pasado y, por lo tanto, llega a la conclusión de que es necesario mantenerlo continuamente. Pero la verdad es que el estrés nos agota y debilita las aptitudes cognitivas que más falta nos hacen. Como vimos en la historia de Horta-Osorio, en lugar de ayudarnos a conseguir más logros, puede convertirse en un tremendo obstáculo.

ESTRÉS BUENO, ESTRÉS MALO Y ÉXITO

Por supuesto, no todo el estrés es negativo. El estrés a corto plazo tiene el propósito de cargarnos de energía. Piensa en la inyección de adrenalina que hace que pases rápidamente al otro carril de la carretera cuando ves a un coche que viene en tu dirección. Un poco de estrés momentáneo también puede ser favorable para tu salud.[5] En una serie de estudios sin precedentes, Firdaus Dhabhar, compañero y profesor de Psiquiatría de la Universidad de Stanford, descubrió que el estrés puede proporcionar grandes beneficios fisiológicos y psicológicos, entre ellos una mejoría de la inmunidad.[6] Fue el primero en sugerir que la biología de la respuesta de estrés a corto plazo podría aprovecharse para aumentar la protección y el rendimiento.[7] En un estudio revolucionario que ha sido ampliamente citado, demostró los efectos potencialmente protectores del estrés a corto plazo y los efectos perjudiciales del estrés crónico.[8]

Justo antes de someterme a una operación de vesícula biliar, Firdaus me recordó que mi respuesta de estrés ayudaría al proceso de curación fortaleciendo mi sistema inmunitario, siempre que mantuviera mis niveles de estrés *bajos* antes de la operación. Como se ha demostrado en un estudio de este grupo de investigaciones,[9] la cirugía provoca una respuesta de estrés, inundando el cuerpo de sustancias químicas que aceleran la curación.[10] Sin embargo, si me sometía a una operación estando crónicamente estresada, en realidad mi respuesta inmunitaria sería más débil porque ya habrían disminuido los recursos de mi organismo (¡terminé asistiendo a un retiro de meditación silenciosa de dos días justo antes de la operación y me curé estupendamente!).

El estrés a corto plazo puede proporcionarnos otros beneficios. Por ejemplo, puede ocasionar un mejor rendimiento mental y físico,[11] especialmente cuando un individuo es experto en la tarea, por ejemplo hablar en público, una carrera de ciclismo o una actuación musical. Aunque esto solo se produce si el individuo no sufre de estrés crónico. Las leyes de Yerkes-Dodson[12] (llamadas así por los dos investigadores que las descubrieron) establecen que, como una curva en forma de U invertida, cierto nivel de estrés puede ayudarnos a rendir mejor, pero una vez que llega demasiado alto, de hecho, se convierte en un obstáculo. Por ejemplo, si tienes aptitudes para hablar en público, un poco de estrés puede ayudarte a dar una magnífica conferencia, pero mucho interferirá en tu desempeño.

Otros estudios demuestran que en algunas situaciones el estrés podría facilitar el establecimiento de relaciones, creando un sistema de apoyo a tu alrededor.[13] El estrés agudo puede incrementar el comportamiento cooperativo, social y amistoso. Esta respuesta social positiva podría ayudar a explicar la conexión humana que se establece durante crisis o catástrofes naturales (piensa en Nueva York después del atentado del 11 de septiembre). Esta conexión puede ser parcialmente responsable de nuestra supervivencia colectiva como especie.

Pero todos los excesos son malos. Probablemente habrás leído sobre los efectos negativos del estrés crónico. El estrés en grandes cantidades y durante largos periodos de tiempo daña la salud,[14] las relaciones y el trabajo. Y como vimos con Antonio Horta-Osorio, del grupo bancario Lloyds, puede tener un efecto radical sobre el rendimiento (y en último término sobre el éxito) de la organización para la que trabajas.

La investigación científica demuestra sin lugar a dudas que el estrés crónico te hace más proclive a la enfermedad[15] y a la inflamación,[16] e incluso acelera el envejecimiento celular.[17] También puede disminuir tu productividad al deteriorar tus habilidades cognitivas. ¿Te has dado cuenta de que cuando tienes mucho estrés te cuesta trabajo recordar las cosas? El estrés mantenido durante largos periodos de tiempo daña especialmente a la memoria[18] pero también afecta a la capacidad para ser creativo, ver las situaciones con claridad, pensar de una manera original, solucionar problemas hábilmente y tomar buenas decisiones.[19] Incluso existe evidencia de que el estrés crónico te convierte en un jefe y un líder terribles. Además, tiene un efecto multiplicador, que incrementa el estrés de quienes te rodean. Las emociones ansiosas, como el miedo, son contagiosas fisiológicamente por medio de las feromonas, sustancias químicas segregadas a través del sudor. Cuando alguien emite «feromonas de miedo», quienes entran en contacto con esta persona muestran una mayor activación en las áreas cerebrales correspondientes a la ansiedad y al miedo (especialmente la amígdala).[20] Y no hace falta que la investigación nos diga que cuando nos traemos el estrés a casa, a nuestra familia, los resultados son igualmente desastrosos.

Como no todo el estrés es malo, el truco consiste en aprovechar los beneficios del estrés a corto plazo sin caer presa del crónico. En otras palabras, el éxito sostenible a largo plazo no consiste en aguantar el estrés de todo tipo sino en aprender a sortearlo hábilmente. Y aunque el estrés intenso pueda agotarnos, también podemos recuperarnos de su efecto debilitante.

Para hacerlo, debemos echar mano de la resiliencia (nuestra capacidad para recuperarnos rápidamente de las situaciones o contratiempos estresantes), que afortunadamente es una respuesta fisiológica tan natural en nosotros como la respuesta de estrés. ¿Podemos salir a flote por turbulentas que estén las aguas? ¿Podemos encontrar el empuje y la energía para conseguir nuestros objetivos sin el agotamiento y la ansiedad del estrés crónico? La respuesta es sí. Sin embargo, mientras que la mayoría de la gente sabe muy bien cómo estresarse, pocos conocen cómo aprovechar su reserva inherente de resiliencia. La buena noticia es que es fácil aprender a hacerlo.

NUESTRA RESILIENCIA NATURAL

La resiliencia consiste en la capacidad de recuperarse rápidamente de las situaciones estresantes con las que nos enfrentamos a diario: una interacción difícil con alguien, un vuelo retrasado que amenaza con impedirte llegar a tiempo a una importante cita de negocios, trabajar durante muchas horas en un proyecto con una fecha límite inminente, etc.

Todos hemos oído hablar de la respuesta de lucha o huida, en la que nuestro cuerpo (en realidad, el cuerpo de la mayoría de los animales) se prepara para enfrentarse a un ataque que podría llegar a ser mortal o para escapar. Sin embargo, lo que muchos no conocemos es lo que sucede cuando ha pasado la amenaza y el cuerpo vuelve a su estado normal: la respuesta de descanso y digestión.

Piensa en un antílope en modo huida a punto de ser cazado por un león: su sistema nervioso simpático está totalmente activado y bombeando adrenalina. Si el león lo alcanza, su vida termina justo ahí. Pero si logra escapar, una vez que se haya puesto a salvo, el estrés del antílope desaparece casi inmediatamente. El sistema nervioso parasimpático, que es responsable de «descansar y digerir», se pondrá en marcha y el animal se relajará pacíficamente y volverá a pastar al aire libre. El estado de lucha o huida ha impuesto tremendas exigencias a su fisiología, pero tan pronto como se desactiva, el animal puede centrarse en recuperarse y recobrar toda su fuerza. Por lo tanto, en cuestión de minutos, su sistema nervioso se ha calmado para permitirle restablecer ese estado óptimo en el que puede restaurar su energía y volver a contar con todos sus recursos.

La clave de su resiliencia es su capacidad para:

- Volver rápidamente al estado restaurativo de descanso y digestión.
- Permanecer en ese estado hasta que una situación extrema que ponga en peligro su vida vuelva a amenazarla.
- Superar el siguiente reto con todas sus fuerzas.

Los animales que salen corriendo para defender sus vidas en medio de la naturaleza no son los únicos que experimentan esa extraordinaria resiliencia al enfrentarse a una amenaza o al estrés. Lleva a tu perro al veterinario y notarás una gran respuesta de estrés: puede que empiece a temblar, a bajar las orejas y a tirar de la correa para resistirse a entrar en la sala de reconocimiento. Sin embargo, esa reacción desaparece rápidamente una vez que termina el examen y tu mascota vuelve al confort y a la familiaridad de tu hogar. Puedes incluso observar la resiliencia en los niños. Cuando se enfrentan a una circunstancia estresante, como el primer día de escuela, se recuperan inmediatamente. Pueden reaccionar de una manera muy emocional a la hora de despedirse de sus padres, pero con frecuencia las emociones duran solo unos minutos, y enseguida vuelven a sonreír.

El hecho de que los niños y los animales se recuperen tan rápidamente del estrés nos demuestra lo resiliente que es, por naturaleza, nuestro sistema nervioso. Se supone que deberíamos poder volver al estado de bienestar rápidamente y sin esfuerzo.

En ese caso, ¿a qué se debe que, de adultos, a menudo nos cueste tanto controlar el estrés y recuperarnos de él? De alguna manera hemos perdido nuestra resiliencia natural. Piénsalo: ¿cuánto tardas en recuperarte de las frustraciones, de las circunstancias estresantes y de los desacuerdos? ¿Cinco minutos? ¿Una hora? ¿Un día? ¿Cinco días? ¿Todavía sientes el pellizco del estrés por el mero hecho de pensar en ello? Podemos recibir una llamada desagradable y sentirnos disgustados por eso durante todo el día. Puede que incluso durante una semana o un mes. ¡Mucha gente se va a la tumba sintiendo ira por algo que le sucedió décadas atrás!

Parece que muchos adultos sencillamente se han olvidado de cómo conectar con su resiliencia natural. Hay un par de razones que explican este fenómeno. En primer lugar, existen razones biológicas por las que seguimos preocupados incluso cuando no tenemos amenazas acechándonos. En segundo lugar, nuestra cultura actual ha olvidado la resiliencia.

LOS SABOTEADORES DE LA RESILIENCIA

¿Qué les impide a los adultos disfrutar de esa misma resiliencia a la que los niños (y los animales) parecen recurrir tan fácilmente? ¿Por qué nuestro estrés persiste durante mucho más tiempo que el suyo, e incluso se vuelve a veces crónico?

La respuesta está en nuestro cerebro. Nuestra capacidad para pensar (por valiosa que sea) se convierte en un obstáculo. Además de la inquietud que provoca nuestra propia mente, los mensajes de la cultura popular nos animan a vivir de manera acelerada, lo que hace que resulte más difícil volver a un estado de tranquilidad. Examinemos cada uno de estos saboteadores de la resiliencia.

Nuestra mente

Compartimos muchas regiones cerebrales similares con los animales; por ejemplo, las regiones responsables de la vista, el equilibrio y el miedo. No obstante, al contrario que la mayoría de los animales, contamos con un neocórtex especialmente bien desarrollado, que nos proporciona la capacidad de tener un intelecto y reflexionar. Debemos estar agradecidos por disponer de nuestro neocórtex, un don maravilloso que nos permite tener ideas, desarrollar el lenguaje, leer este libro y comunicar pensamientos, conceptos y sentimientos. Desgraciadamente, gracias a él también podemos preocuparnos, desesperarnos, perseverar (en el sentido de «repetir el mismo comportamiento que no nos lleva a ninguna parte una y otra vez»), imaginarnos lo peor, hacer un drama de cualquier cosa y hacer elucubraciones totalmente descabelladas.

Si el antílope estuviera dotado de un neocórtex como el nuestro, quizá no se relajaría tan rápidamente tras ese episodio estresante con el león. En lugar de eso, se imaginaría una y otra vez la escena, preocupándose y planeando la manera de escapar en caso de que volviera el león; tampoco podría dormir, obsesionado por la idea de que el león podría dañar a sus crías y otras preocupaciones.

¿Te suena?

Nuestro cerebro tiende a centrarse en los pensamientos negativos más que en los positivos.[21] Los científicos tienen la teoría de que esta predisposición a la negatividad es una adaptación evolutiva. Al recordar encuentros peligrosos con los predadores, por ejemplo, nuestros ancestros tenían más probabilidades de mantenerse alejados de ellos. Sin embargo, hoy en día esta tendencia ya no es necesaria y con frecuencia se convierte en un obstáculo.

Con solo uno o dos pensamientos negativos, puedes agitar extremadamente tu fisiología. Como señala el doctor Paul Gilbert,[22] psicólogo inglés fundador de la terapia de la compasión, basta con una llamada de un jefe descontento, un mensaje furioso de tu pareja o de un amigo o incluso un insulto de un desconocido para que toda tu química fisiológica entre en un estado de ansiedad. Y esto es agotador, porque son tantas las situaciones estresantes y generan tal cantidad de pensamientos iracundos o ansiosos que esta respuesta fisiológica puede impedirnos descansar y recuperarnos.

Basta con abrir la bandeja del correo para recibir un asalto de agentes estresantes. La investigación demuestra que cuanto más revisas tu correo, más estrés sientes.[23] Lo contrario también es verdad. Un estudio de la Universidad de California en Irvine, realizado por Gloria Mark y el investigador de las Fuerzas Armadas estadounidenses Armand Cadello analizó el impacto del correo electrónico sobre la productividad en el trabajo y los niveles de estrés.[24] Cuando se eliminó el correo, los participantes del estudio notaron una mejoría en su capacidad de concentrarse en la tarea que tenían entre manos. También descubrieron que el estrés, medido por su frecuencia cardiaca, era menor.

Esto no debería sorprendernos. En los correos electrónicos no es posible distinguir pistas sociales. Indudablemente la comunicación era más empática y favorecía menos el estrés cuando no existía el correo electrónico: la gente hablaba por teléfono o en persona, lo cual, gracias a las pistas sociales, permitía una mayor sintonía en el trato. Por ejemplo, cuando el aspecto de alguien indicaba claramente cansancio o malestar, su supervisor lo trataba con más delicadeza. Por desgracia, estas pistas no aparecen en el correo electrónico y, con frecuencia, se espera una respuesta inmediata. Todo lo que recibimos es un mensaje escrito cuyo tono es difícil de interpretar. Un correo corto de tu jefe puede dar la impresión de que está enojado y transmitirte una sensación de nerviosismo. Uno de tu pareja con una gran carga emotiva puede perturbar tu concentración en el trabajo haciendo que te preocupes por su posible significado. Uno que revele nueva información sobre un asunto legal pendiente puede incrementar aún más tu ansiedad.

¿Qué sensación se tiene al recibir docenas de esos correos electrónicos al día? Hace unos años, antes de que existiera el correo electrónico, teníamos quizá un momento cargado de tensión emocional al día, o dos o tres como mucho (por ejemplo, una confrontación con un compañero de trabajo, una discusión con la pareja o una llamada de teléfono de un amigo enfadado). En 2014, los usuarios mandaron y recibieron una media de ciento veintiún correos electrónicos al día (en comparación con los ciento cinco de 2011, y se espera un incremento de hasta ciento cuarenta para 2018).[25] Debido a esto, una hora de correo electrónico puede llevarte a experimentar un sinfín de emociones y ponerte en contacto con innumerables agentes estresantes. Por supuesto, también recibes correos que te hacen sentir bien (fotos de tus sobrinos, anuncios de boda) pero, por desgracia, nos influyen más los mensajes negativos ya que, como expliqué antes, la mente tiende a centrarse en la información negativa.[26]

¿Cómo no vas a sentirte exhausto después de todo un día sentado frente al ordenador?

Estímulos externos e internos

No solo nuestra mente genera a todas horas pensamientos que nos agitan sino que además nuestro sistema nervioso recibe constantemente un exceso de estimulación producida por mensajes externos. Compra más productos, mejora tu aspecto, haz más ejercicio, come mejor, rinde a un nivel superior, aprende más… Los mensajes que recibimos (en la escuela, en el trabajo, a través de la publicidad y de los medios de comunicación culturales como los programas de televisión) nos empujan cada vez más, estimulándonos excesivamente y provocando respuestas de estrés.

Si te sientes atacado, abrumado o sobreestimulado por los numerosos mensajes que te llegan diariamente, tienes motivos para ello. Los medios de comunicación y las marcas comerciales emplean de manera habitual técnicas que provocan estrés para atrapar nuestra atención. Como vimos anteriormente, nuestro cerebro está programado para centrarse más en los estímulos negativos o que inducen al temor que en los positivos.[27] Por eso es por lo que los mensajes diseñados para provocar miedo y ansiedad impregnan nuestra cultura: cualquiera que pretenda conseguir que le prestemos atención sabe cómo atacarnos con estos estímulos estresantes. Las agencias de noticias, por ejemplo, nos mantienen enganchados a sus titulares negativos (¡Guerra! ¡Conflicto! ¡Muerte! ¡Destrucción!). Incluso las ofertas especiales y las rebajas (como por ejemplo el *Black Friday*) manipulan nuestra adrenalina para asegurarse de que reaccionemos. El resultado de todo esto es que vivimos en un estado diario de estrés. No importa lo conscientes que seamos de estas técnicas de comunicación, todos sentimos como mínimo parte de sus efectos estresantes.

Para empeorar aún más las cosas, lo que nos causa estrés no son solo los mensajes externos, sino que nosotros mismos desempeñamos un papel importante en mantener elevados nuestros niveles de adrenalina. Para seguir el ritmo de los mensajes culturales con los que nos bombardean sin cesar, hemos aprendido a activar nuestra respuesta de estrés continuamente. Aunque la respuesta de estrés debería reservarse para ocasiones muy poco frecuentes y en las que está en juego nuestra vida, nosotros la activamos voluntariamente. De hecho, la mayoría de la gente depende de ella y la usa sencillamente para cumplir con las exigencias cotidianas. Puedes observar cómo provocas esa respuesta a propósito al llenarte de obligaciones y compromisos y esperar hasta el último minuto para terminar tus proyectos, porque dependes de la ansiedad para cargarte de energía. Quizá te encuentres con que, cuando estás cansado y necesitas de verdad un descanso, en lugar de eso, decides seguir esforzándote o utilizar estimulantes como café, azúcar o bebidas energéticas con objeto de provocar la «subida» que necesitas para seguir adelante. De hecho, una tendencia creciente muestra que los estudiantes y profesionales están desarrollando el peligroso (por no mencionar adictivo) hábito de tomar drogas estimulantes diseñadas para tratar el trastorno de déficit de atención con el fin de permanecer despiertos y concentrados durante más horas.[28] Nos hemos vuelto adictos a exprimir la vida al máximo.

¿Por qué debería sorprendernos que, al llegar a casa por la noche, tras el ajetreo de todo un día de trabajo, nos sintamos aún activos y no podamos relajarnos y dormirnos? Estamos sobreestimulados y no logramos tranquilizarnos, por lo cual echamos mano de sustancias depresoras como el alcohol y las pastillas para dormir o de medicamentos contra la ansiedad para reponernos. Ese ir y venir continuo de la ansiedad inducida por los estimulantes y el sopor que provocan los depresores perjudica aún más a nuestro sistema nervioso ya de por sí agotado.

En resumen, cada día, nuestros pensamientos, así como los mensajes y estímulos externos, sabotean nuestra capacidad de utilizar nuestra resiliencia natural. A consecuencia de esto habitualmente tratamos de manejar el estrés de formas que no solo son ineficaces sino que con frecuencia nos causan más ansiedad y nos dejan más agotados.

ES CONTRAPRODUCENTE INTENTAR
CONTROLAR EL ESTRÉS

A través de la educación y de nuestra vida profesional aprendemos toda clase de conocimientos, herramientas y disciplinas, pero no se nos enseña a responder adecuadamente al estrés y a las dificultades. Lo que hacemos es intentar convencernos a nosotros mismos de no sentir esa sensación, «aguantar» o tomarnos una copa. Sin embargo, la investigación demuestra que estos enfoques no funcionan y que pueden incluso llegar a tener efectos devastadores.

No puedes convencerte de no tener estrés

Los estudios nos dicen que la manera en que percibimos una situación puede ayudarnos a regular hasta cierto punto nuestras emociones, pero cuando nos encontramos en situaciones complicadas, tratar de convencernos de que no nos sentimos estresados resulta verdaderamente difícil, si no imposible.

Por ejemplo, si tras ir de compras vuelves al coche y descubres que te han puesto una multa de cincuenta dólares por aparcar indebidamente, puedes tranquilizarte y aliviar la ansiedad inicial que te provoca la multa pensando en lo agradecido que te sientes de que la grúa no se haya llevado el coche o lo contento que estás por ese estupendo traje de diseño que acabas de comprarte aprovechando las rebajas, y que hace que merezca la pena haber recibido una multa.

Sin embargo, si al volver a donde aparcaste el coche, te encuentras con que la grúa se lo ha llevado y tienes que pagar, por ejemplo, trescientos dólares para recuperarlo, y además se te hace tarde para una entrevista de trabajo importante, puede que tengas que emplear todas las fuerzas de que dispones para no dejarte arrastrar por los nervios en ese preciso momento.

Lo más probable es que, en una situación muy estresante, como esta, tratar de usar los pensamientos para cambiar la manera en que te estas sintiendo no te dé resultado. Intenta convencerte a ti mismo para dormir cuando sientes ansiedad la noche previa a una entrevista, examen o actuación importantes. O mejor aún, piensa en lo útil que es que un amigo o tu jefe te diga «relájate» cuando estás estresado. No sirve de mucho, ¿verdad? Tan solo para irritarte.

¿Alguna vez has deseado olvidar una discusión con alguien, y cuando te das cuenta llevas horas dándole vueltas? ¿Por qué nos cuesta tanto controlar nuestra mente, sobre todo cuando estamos estresados? Daniel Wegner, profesor de Psicología de la Universidad de Harvard, demostró en varios estudios que la intención de controlar un pensamiento determinado suele fracasar bajo el estrés o cuando estamos sobrecargados mentalmente y, en realidad, termina provocando el mismo pensamiento que queremos evitar y traicionando así nuestros propósitos.[29] Wegner describe esto como un «proceso irónico». Cuando nos resistimos a cierto pensamiento o acción (y tratamos, por ejemplo, de no alimentarnos con comida basura o de no pensar en la pareja con la que acabamos de romper), lo más fácil es que nuestros esfuerzos fracasen bajo el estrés.

Aguantar no funciona

Cuando sentimos ansiedad y no podemos convencernos para dejar de darle vueltas a pensamientos estresantes, solemos terminar reprimiendo nuestras emociones. Ponemos una cara inexpresiva y nos aguantamos. La investigación de James Gross, psicólogo de Stanford, demuestra que intentar suprimir emociones (no mostrando lo que sentimos) conduce justo a lo contrario de lo que pretendemos. Al tratar de ocultar las emociones, en realidad las manifestamos con más fuerza fisiológicamente. Por ejemplo, la ira o el estrés incrementan la frecuencia cardiaca y hacen que las palmas de las manos suden. Suprimir estas emociones incrementa su impacto fisiológico. ¡De hecho, incluso afecta a la fisiología de cualquier persona con la que estés hablando haciendo que se eleve su frecuencia cardiaca!

Al suprimir las emociones negativas de forma habitual lo que de verdad conseguimos es experimentar más emociones negativas y menos positivas.[30] Los individuos que tienden a suprimir esas emociones tienen una autoestima más baja, menos optimismo y bienestar y niveles más elevados de depresión y de deterioro de la memoria. La supresión impacta negativamente en sus relaciones y su vida social.[31]

El chocolate y el alcohol tampoco sirven

Con frecuencia, en lugar de enfrentarnos con el estrés de forma constructiva, recurrimos a sustancias compensatorias como la comida, el alcohol y los cigarrillos, o nos distraemos pasándonos horas delante de la televisión, jugando a videojuegos o incluso trabajando de manera compulsiva. Sin embargo, los hábitos perjudiciales para la salud a los que recurrimos suelen hacer que terminemos sintiéndonos peor.

Frases como «necesito una copa» o «ahora me vendría bien un cigarrillo» se han vuelto tan corrientes que incluso bromeamos con ellas para indicar que nos encontramos en una situación difícil. La mayoría hemos tenido un momento de debilidad o de agotamiento en el que lo único que se nos ocurría para sentirnos mejor era tomar una copa de vino o algo dulce. Y aunque esto puede proporcionarnos un alivio momentáneo, obviamente no sirve para acabar con el estrés. Y si recurrimos a menudo a estos «remedios», agravaremos el estrés de un sistema nervioso ya de por sí extenuado.

Seguramente conoces tus debilidades (eres consciente de las sustancias o hábitos compensatorios a los que recurres para soportar el estrés) y puede que incluso te sientas mal por ellos. Pero no deberías. Es natural buscar maneras de relajarnos y controlarnos. Y por una buena razón: intuitivamente sabemos que, como el antílope que regresa a un estado de calma, nosotros también podemos restablecer nuestro organismo y volver a un punto de equilibrio. La única diferencia es que estamos buscando restaurar el equilibrio de una manera equivocada: tratando de manipular nuestros pensamientos para no sentir estrés, reprimiendo nuestras emociones y recurriendo a alimentos, bebidas y sustancias que nos hacen sentir un alivio momentáneo. Hemos olvidado de tal manera cómo volver de forma natural a un estado de equilibrio que las empresas de Silicon Valley están creando dispositivos tecnológicos portátiles diseñados para calmarnos.[32]

APROVECHAR NUESTRA RESILIENCIA NATURAL

Trabajo mucho con veteranos de guerra que sufren el síndrome de estrés postraumático. En una de nuestras sesiones uno de los veteranos me dijo: «Sé que estoy en Estados Unidos y que aquí no hay peligro en los centros comerciales, pero aun así tengo que abrazarme a mí mismo durante veinte minutos antes de poder entrar en uno». Este ejemplo demuestra la impotencia de nuestra mente pensante ante un estado de gran ansiedad. A pesar de saber intelectualmente que el centro comercial no es peligroso, este veterano aún necesitaba abrazarse durante mucho tiempo antes de poder entrar. Cambiar sus pensamientos no le bastaba para superar su tremendo estrés. Y tampoco suele bastarnos a nosotros, sobre todo cuando sentimos un estrés crónico.

Si los pensamientos y la mente no son la mejor vía para acceder a nuestra resiliencia, ¿cuál es? El cuerpo. Probablemente habrás notado que el estado de tu cuerpo afecta a tu mente: un exceso de cafeína puede producirte ansiedad y el hambre puede ponerte de mal humor. Del mismo modo, si consigues que tu cuerpo se sienta más suelto y relajado, tu mente dará lo mejor de sí y podrás recuperarte del estrés. Piensa en cómo te sientes tras un masaje, una excursión por la naturaleza o un baño caliente.

El problema es que, normalmente, cuando necesitamos ayuda inmediata para enfrentarnos a una situación difícil, no podemos darnos un baño o recibir un masaje. Por consiguiente, ¿cuál es el modo más rápido de alcanzar el bienestar? Lo tenemos tan cerca que es muy fácil pasarlo por alto: la respiración, una vía rápida y fiable para acceder a nuestro sistema nervioso con objeto de ayudarte a recobrar tu estado óptimo.

Aunque de forma intuitiva comprendas que la respiración puede regular la mente y las emociones (probablemente le hayas dicho a alguien que estaba estresado que «respire profundamente»), es posible que no seas totalmente consciente de su poder.

Respirar es algo que hacemos cada día, en cada momento. Podría decirse que es la actividad más importante de nuestra vida. Sin embargo, es aquella a la que menos importancia concedemos, porque ocurre por sí misma sin que nos demos cuenta. Lo que hace de la respiración algo singular es que puede producirse bien automáticamente (como la digestión y los latidos del corazón) o bien controlándola a voluntad. Es la única función autónoma sobre la que puedes influir.

Sri Sri Ravi Shankar, líder espiritual y humanitario de India, ha dedicado gran parte de su vida a enseñar por todo el mundo, a través de su Fundación El Arte de Vivir, prácticas de respiración basadas en el yoga. Shankar explica que «nuestro primer acto en este mundo es inspirar profundamente, y nuestro último acto será espirar profundamente. La respiración es vida. Sin embargo, por lo general no se nos enseña (en casa o en la escuela) su importancia y su impacto sobre la mente y el cuerpo [...] Observa cómo respiras. Hay diferentes patrones de respiración que tienen relación con diferentes emociones. Del mismo modo en que tu mente influye en la respiración, tú puedes influir también en el estado de tu mente por medio de la respiración».[33]

La investigación refrenda estas observaciones. Un estudio revelador llevado a cabo por el psicólogo belga Pierre Philippot demuestra que nuestras emociones modifican nuestra respiración.[34] Él y sus colegas midieron los patrones de respiración de los sujetos cuando sentían emociones como tristeza, miedo, ira y felicidad. El equipo de investigación descubrió que cada emoción estaba asociada a una determinada manera de respirar.

Cuando experimentamos ansiedad, por ejemplo, es más probable que respiremos de una manera rápida y superficial. Cuando nos sentimos tranquilos, respiramos despacio y profundamente. La risa y los sollozos son otros ejemplos de cómo la respiración acompaña a los estados emocionales. Cuando regresamos a casa tras un día largo y agotador, nos dejamos caer en el sofá y... suspiramos.

Más interesante y revelador que el estudio inicial de Philippot fue su estudio de seguimiento.[35] Los investigadores invitaron a diferentes grupos de participantes a respirar siguiendo los patrones que correspondían a las diferentes emociones del primer estudio. Luego les preguntaron cómo se sentían. Y aquí es donde la cosa se pone interesante: ¡los participantes contestaron que habían comenzado a sentir las emociones correspondientes a los patrones de respiración! En otras palabras, cuando respiraban despacio y profundamente, sentían calma, y cuando respiraban de manera rápida y superficial, sentían ansiedad o ira.

El descubrimiento de que podemos cambiar cómo nos sentimos usando nuestra respiración es revolucionario. Como modificar nuestras emociones utilizando los pensamientos (por ejemplo, tratando de «convencernos» de no sentir una emoción intensa de ira o ansiedad) resulta tan difícil, aprender a usar la respiración es una herramienta poderosa y liberadora para regular el estrés y poder así rendir al máximo de nuestras facultades. Un estudio descubrió que con solo darles a los participantes la sencilla instrucción de respirar despacio, los investigadores fueron capaces de reducir la ansiedad que sentían aquellos en medio de una situación que implicaba una estresante toma de decisión.[36]

En un estudio que realicé con veteranos procedentes de Irak y Afganistán que sufrían un trauma y en el que introduje prácticas respiratorias, descubrí que estas restauraban de forma significativa su resiliencia.[37] Investigué los beneficios de la técnica de respiración (la *Sudarshan Kriya*) de Shankar porque había oído hablar de sus beneficios para el estrés y el trauma.[38] Al comenzar el estudio, muchos de los veteranos que participaban en él sufrían ansiedad aguda y estrés postraumático. Sin embargo, tras su inmersión en un programa intensivo de respiración de una semana, sus síntomas disminuyeron significativamente.[39] Lograban relajarse y los resultados se mantuvieron durante los seguimientos realizados al cabo de un mes y de un año del entrenamiento, lo que sugiere una mejoría permanente.

Respirar es una herramienta que tenemos siempre a mano para ayudarnos en las situaciones estresantes, como cuando nos encontramos con un atasco de tráfico en el camino al trabajo. A continuación veremos un ejemplo de cómo la respiración ayudó a alguien en medio de uno de los desplazamientos más estresantes que existen: el de un convoy militar en una zona en guerra.

La experiencia de Jake Dobberke, un joven de veintiséis años oficial del Cuerpo de Marines de Iowa, es un buen ejemplo del poder de la respiración para calmar la mente. La guerra de Afganistán estaba en su momento álgido, y Jake era el oficial a cargo del último vehículo de su convoy. El vehículo en cuestión era un MRAP, que son las siglas en inglés de un vehículo protegido con un blindaje resistente a las minas. Mientras el convoy seguía adelante, el MRAP de Jake pasó por encima de un dispositivo explosivo improvisado. Se produjo una explosión extremadamente fuerte, y a pesar de su blindaje, el MRAP quedó destrozado. Mientras el vehículo se detenía y se asentaba el polvo, Jake miró hacia abajo y vio que sus piernas estaban gravemente fracturadas. La explosión había rasgado la carne, dejando ver parte del músculo y el hueso.

En ese momento increíblemente traumático, Jake recordó una técnica de respiración que había aprendido. Había leído un libro para los miembros en servicio activo (*Sobre el combate*, del teniente coronel Dave Grossman) que describía la «respiración táctica». Este ejercicio consiste en inspirar y espirar en un patrón de cuatro segundos y contener la respiración para calmar la descarga de adrenalina y la respuesta de lucha o huida. Gracias a que se acordó de respirar así, Jake consiguió mantener la sangre fría, comprobar cómo se encontraban sus soldados, pedirle al conductor que mandara una señal de auxilio, levantar las piernas, aplicarles un torniquete y, cuando ya había cumplido con todas sus responsabilidades y se había asegurado de que todo el mundo estaba a salvo, tenderse y descansar mientras esperaba que llegara la ayuda. Solo entonces perdió la consciencia.

«Me puse a practicar esa respiración porque pensé que si no lo hacía, entraría en estado de *shock* —explicó—. Más tarde, descubrí que dada la cantidad de sangre que estaba perdiendo, habría muerto desangrado o caído en coma de no haber mantenido la calma y el aplomo para aplicarme los torniquetes». Vi a Jake al año de volver de Afganistán. Habían tenido que amputarle la parte inferior de sus piernas. Y aunque me contó que el mero hecho de estar de pie le resulta doloroso con sus prótesis, me emocionó verlo levantarse y unirse a sus amigos en la pista de baile durante mi boda.

Según Stephen Porges, profesor de la Universidad de Carolina del Norte y prestigioso científico universitario en la Universidad de Indiana en Bloomington, una de las razones por las que la respiración lenta tiene un efecto inmediato es que activa el nervio vago, el décimo nervio craneal, que está conectado al corazón, los pulmones y el sistema digestivo, y así inhibe los sistemas simpático (lucha o huida) y suprarrenal.[40] Al hacerlo, nos calma rápidamente. Y con una mente en calma, manejamos las situaciones con mayor eficacia. Porges explica que la respiración abdominal (usar el diafragma) es especialmente beneficiosa, como también lo es hacer espiraciones largas. Espirar disminuye la frecuencia cardiaca; cuanto más dura la espiración, más se relaja nuestro sistema nervioso. De esta manera, espirar largamente activa nuestro sistema parasimpático (descanso y digestión), propiciando una mayor relajación en nuestros cuerpos y nuestras mentes y ayudándonos a sentirnos más serenos. Al controlar tu respiración, puedes usar un comportamiento mecánico voluntario para lograr un cambio profundo en tu estado de ánimo.[41]

¿Qué significa esto para nosotros? Que podemos usar nuestra respiración siempre que nos encontremos en una circunstancia estresante. Es una herramienta increíble de la que se puede disponer en todo momento y lugar, ya sea en una entrevista ante la que nos sentimos nerviosos, una interacción que nos resulta desagradable o una conferencia importante.

ENTRENAMIENTO RESPIRATORIO PARA
DESARROLLAR LA RESILIENCIA

Aunque alterar voluntariamente tu respiración puede ayudarte a calmarte en una determinada situación, los efectos de la práctica respiratoria diaria a largo plazo (lo mismo que los del ejercicio físico diario) son todavía más pronunciados.

Estudios preliminares han descubierto que practicar con regularidad ejercicios respiratorios normaliza tu nivel de cortisol, la «hormona del estrés».[42] Cuando se realizan estos ejercicios como una práctica habitual, la respiración puede reacondicionar tu cuerpo para llevarlo a un estado de mayor serenidad, ayudándole a recuperarse antes del estrés y quizá reduciendo la reactividad al enfrentarnos a las dificultades. Del mismo modo que un corredor de maratón entrena regularmente como preparación para correr durante más tiempo, puedes usar los ejercicios respiratorios diarios con objeto de preparar tu sistema nervioso para ser resiliente ante circunstancias estresantes, como una reunión o entrevista importantes o una primera cita, de manera que puedas dar lo mejor de ti y te recuperes más rápidamente.

Los ejercicios de respiración también pueden incrementar la energía de forma natural. Como promedio, usamos solo del 10 al 30% de nuestra capacidad pulmonar. Dicho de otra manera, no estamos rindiendo al máximo de nuestro nivel energético. Por el contrario, los atletas han aprendido a usar hasta el 100% de su capacidad pulmonar para mejorar su fuerza y su resistencia. Mientras que la resiliencia del sistema nervioso de los adultos disminuye normalmente con la edad, este declive es más lento en los atletas profesionales[43] y en quienes participan en una actividad cardiovascular intensa, porque por lo general respiran más lentamente. Esta es otra razón por la que el ejercicio cardiovascular es un gran calmante del estrés.

Puede parecer paradójico que respirar disminuya el estrés y a la vez incremente la energía. En nuestra cultura, caracterizada por el exceso de trabajo y el estrés, no se suele asociar la calma con un nivel elevado de energía. Y este malentendido explica por qué sentimos que necesitamos estrés para poder hacer cosas.

Un estudiante de la Universidad de Wisconsin-Madison que participó en uno de mis talleres de respiración me contó que desde que aprendió a respirar y a meditar se sentía tan tranquilo y tan contento que le preocupaba seriamente «bajar la guardia». Trabajaba con los agentes federales de policía y era comprensible su preocupación porque se encontraba tan relajado que creía que esto le impediría mantenerse en estado de alerta, lo cual podía tener consecuencias de vida o muerte.

Debido a la noción ampliamente extendida de que el estrés es fundamental para el éxito, es natural preocuparse de que estar relajado y desprenderse de la tensión pueda afectar a nuestro rendimiento. Sin embargo, tener un estado mental más sereno, en lugar de uno estresado, nos ayudará a responder a cualquier situación de una manera más racional e inteligente. Cuando estamos estresados, con frecuencia tomamos decisiones precipitadas e impulsivas, reaccionamos con demasiada precipitacion y decimos o hacemos cosas de las que luego podemos arrepentirnos. Es más, nuestro sistema simpático (lucha o huida) no se desactiva y nos agotamos enseguida.

Si fortaleces tu resiliencia, aun así serás capaz de responder eficazmente ante las dificultades y experimentarás el suficiente estrés «bueno» para dar lo mejor de ti tal y como las circunstancias lo requieran, pero sin pagar un precio por ello.

Por último, los ejercicios de respiración permiten que tu sistema nervioso simpático descanse cuando ya no es necesario que esté activado. Te ayudan a relajarte más rápidamente y a dormir mejor tras llegar a casa del trabajo. Como te relajas por completo durante los periodos de descanso, recuperas la resiliencia natural de tu cuerpo y eres capaz de afrontar con aplomo los desafíos de la vida. Esto te permite funcionar al máximo de energía sin los costes físicos y psicológicos de la sobrecarga de ansiedad y adrenalina.

En otras palabras, estar tranquilo y lleno de energía no solo es posible a través de la respiración sino que además es el estado *ideal*: cuando te enfrentas a una tarea social, creativa o profesional, estar muy alerta y al mismo tiempo tranquilo te ayuda a pensar, trabajar y comunicarte con mayor claridad. Puedes emplear unas altas dosis de energía pero también regresar a casa al final del día y relajarte de manera natural. Así el cuerpo (sin el efecto de estimulantes o depresores externos) es capaz de recobrar su resiliencia y recuperarse de las docenas de pequeñas situaciones estresantes que experimentas cada día.

PONERLO EN PRÁCTICA

Si llevas una vida muy ajetreada, quizá te resulte difícil bajar el ritmo. Estamos tan acostumbrados a correr de un lado para otro y somos tan adictos a la «velocidad» de nuestro día a día que desacelerar nos suena un poco raro. A pesar de eso, puedes aprender a aprovechar tu resiliencia natural. Comienza por dedicarles conscientemente un tiempo a las actividades relajantes. Son vitales para tu sistema nervioso y tu bienestar. Coloca estas actividades en tu lista, junto a otras que realices de forma visual, como ducharte o cepillarte los dientes. Normalmente prestamos mucha atención a los hábitos que nos hacen sentir y lucir bien externamente (asearnos, maquillarnos, ducharnos, etc.), pero olvidamos darle la importancia que se merece a lo que nos hace sentir bien por dentro.

Puede que al bajar el ritmo sientas ansiedad, ya que estás acostumbrado a funcionar a un ritmo más acelerado. Esto es normal, no dejes que te detenga. A los pocos años de regresar a Estados Unidos, y tras oír hablar sobre mi estudio de investigación, Jake Dobberke participó en un taller de respiración para veteranos. Respirar le ayudaba a relajar su mente acelerada, pero también descubrió que, a medida que se relajaba, resurgían recuerdos dolorosos de su accidente. Sin embargo, gracias a que siguió adelante con el programa de respiración, logró superar ese viejo trauma y la ansiedad que sentía. «Fue un proceso que mejoró mi vida, y me ayudó a seguir avanzando», explicó. Tu sistema nervioso no se puede reajustar de la noche a la mañana, sobre todo si llevas ya un tiempo viviendo a mil revoluciones por hora; pero lo positivo es que puedes volver a entrenar tu fisiología y tu sistema nervioso. A continuación verás un par de maneras en las que puedes empezar a hacerlo.

Respira conscientemente

Al principio, hacer los ejercicios de respiración quizá te parezca una tontería; puede parecerte incluso aburrido. Pero notarás inmediatamente los efectos. Te mostraré algunas estrategias para ayudarte a dar los primeros pasos.

Tu respiración está contigo siempre; es la herramienta más accesible de que dispones y es invisible. Puedes practicar la respiración para el bienestar estés donde estés, sin que nadie lo note. Tómate un respiro si te encuentras en una junta directiva que se está volviendo conflictiva, si tu hijo empieza a chillar en el asiento trasero o si estás exhausto y aún te quedan horas de trabajo por delante.

La forma más básica de desarrollar una relación con tu respiración es dedicarle unos cuantos minutos cada día, cerrar los ojos y llevar toda tu atención a ella. Observa cuándo es rápida o lenta, profunda o superficial.

Muy pronto, gracias a esta práctica, comenzarás a notar que tu respiración cambia con tus sentimientos y emociones durante el día. Por ejemplo, inspirarás profundamente de manera espontánea en los momentos difíciles o descubrirás que tu respiración se vuelve más rápida con la ansiedad o la ira. A medida que te vuelvas más consciente de tu respiración, comenzarás también a ganar más control sobre ella y tus sentimientos en el momento. Gracias a esa consciencia, cuando empieces a sentir miedo, por ejemplo, puede que notes que tu respiración se está acelerando y volviéndose más superficial. En ese momento podrás respirar más despacio conscientemente e inspirar con el abdomen para relajarte. Con la práctica, sabrás inspirar profundamente con el abdomen cada vez que te enfrentes a una situación complicada.

Aquí tienes una técnica sencilla que puedes practicar diariamente en las situaciones difíciles.

RESPIRACIÓN ALTERNANDO LAS FOSAS NASALES

Este suave ejercicio de respiración basado en el yoga puede ayudarte a calmar tu mente y tus emociones. Puede que observes que en un momento determinado una fosa nasal es dominante (es decir, el aire fluye más libremente por una fosa y solo parcialmente por la otra). La fosa dominante va alternándose durante el día. Una de las razones por las que este ejercicio (respiración alternando las fosas nasales) suele tener efectos calmantes y equilibradores sobre la mente es que puede desbloquear ambas fosas y permitir un mayor flujo de aire. Para practicarlo, sigue los siguientes pasos:

1. Coloca los dedos índice y medio de la mano derecha entre las cejas, el pulgar sobre la fosa nasal derecha y el anular y el meñique sobre la fosa izquierda. La mano izquierda descansa en tu regazo, la palma mirando hacia arriba.

2. Inspira profundamente y, cerrando la fosa derecha con el pulgar, espira por la fosa izquierda.

3. Luego inspira profundamente por la fosa izquierda, cierra la fosa izquierda con el anular y el meñique al final de la inspiración y espira por la fosa derecha.

4. Inspira por la fosa derecha y, cerrando la fosa derecha con el pulgar, espira por la izquierda. Luego empieza otra vez.

Haz esto con los ojos cerrados durante cinco minutos. Observa los efectos en tu cuerpo y tu mente. Las prácticas yóguicas de respiración presentan poco o ningún riesgo para un individuo sano, aunque en ocasiones los practicantes pueden sentir cansancio o fatiga, un hormigueo pasajero, mareos o sensaciones de euforia o disforia. Siempre es aconsejable realizarlas con un instructor certificado.

Relaja el cuerpo

Aunque recomiendo encarecidamente las prácticas respiratorias como rutina diaria, también existen otras maneras de equilibrar el sistema nervioso. Probablemente tengas tus propias actividades favoritas para restaurar la energía y calmar la mente, como la natación o el yoga, pasear con el perro por la naturaleza o abrazar a tu hijo. Estas actividades hacen que pienses menos y brindan relajación a tu cuerpo, particularmente a tu sistema nervioso. Aquí hay algunos ejemplos:

- **Da un paseo.** Los estudios demuestran que un sencillo paseo por la naturaleza (no en un entorno urbano) puede disminuir significativamente la ansiedad, mantener el estado de ánimo positivo e incluso mejorar la memoria.[44] Este beneficio no se limita solo a quienes viven en el campo. Si vives en la ciudad, elige un parque o una avenida flanqueada por árboles. Incluso el simple hecho de mirar fotografías de la naturaleza durante cuarenta segundos puede estimularte e incrementar tus niveles de atención.[45] Es más, la naturaleza puede inspirar una experiencia de fascinación ante la visión de un paisaje. La investigación sobre la fascinación,[46] que suele ser inspirada por la belleza de algunos escenarios naturales como un cielo estrellado o un vasto horizonte, sugiere que esta experiencia hace que nuestra percepción del tiempo sea más lenta (lo contrario de lo que sucede con el estrés); esto nos lleva al momento presente, y por lo tanto, aumenta el bienestar y disminuye el estrés.

- **Cuida tu cuerpo.** Debido a que solemos estar siempre distraídos, con frecuencia no escuchamos a nuestros cuerpos, o (como hemos visto en este capítulo) tratamos de compensar el estrés que sentimos con hábitos que perjudican nuestra salud. Comemos alimentos inadecuados, bebemos, nos quedamos despiertos hasta muy tarde y no hacemos ejercicio, o por el contrario hacemos demasiado. Olvidamos que el bienestar físico influye en el bienestar mental y emocional. No nos damos cuenta de que la manera en que tratamos a nuestro cuerpo influye en nuestros niveles de estrés y determina que seamos o no capaces de aprovechar nuestra resiliencia natural. Cualquiera que haya empezado una dieta sana o un buen régimen de ejercicio sabe que cuando comenzamos a cuidar nuestro cuerpo, nos sentimos naturalmente mejor, y con un estado de ánimo positivo; toda nuestra perspectiva vital cambia.
- **Practica actividades que tengan un ritmo pausado.** Si correr es tu manera de aliviar el estrés (una manera que de por sí es muy saludable), intenta incluir también un ejercicio más lento en tu agenda. Busca actividades que no impliquen mucha intensidad o esfuerzo. Si normalmente vas a una clase

de *hot yoga* intenso o a una de *power yoga*, prueba en lugar de eso el *yin yoga*, el yoga restaurativo o el tai-chí. Elige una actividad que sea intencionadamente lenta y no implique mucho esfuerzo.

- **Abraza a un ser querido.** Aunque con frecuencia parece que tenemos una agenda demasiado apretada para pasar tiempo con los amigos o la familia, aparte de una rápida llamada para ponernos al día desde el coche camino del trabajo, merece la pena buscar como sea oportunidades para estar en presencia de nuestros seres queridos y compartir unas muestras de afecto físico. Un estudio incluso mostró que los abrazos están asociados con un menor estrés y menos problemas de salud relacionados con el estrés.[47]

Tanto si optas por las clases de respiración como por las actividades relajantes, el efecto de estas prácticas es acumulativo. Lo mismo que ir al gimnasio, se requiere repetición y compromiso diario para ver un cambio en el sistema nervioso.

Aunque nadie esperaba que Antonio Horta-Osorio regresara al trabajo tras su baja de diez semanas, lo hizo. No solo sorprendió a todo el mundo con su regreso, sino que siguió cambiando el banco Lloyds y este volvió a pagar dividendos a sus accionistas por primera vez desde 2008.[48] Incluso cuando el estrés crónico nos desgasta somos capaces de recuperarnos.

Los atletas someten sus cuerpos al estrés en cada sesión de entrenamiento y competición, pero su éxito depende de la rapidez con la que se recuperan fisiológicamente. Tu estrés diario puede ser diferente del de un atleta, pero el concepto es el mismo: tu éxito viene determinado por la rapidez de tu recuperación.

Al aprovechar tu resiliencia natural por medio de la respiración y otros ejercicios relajantes que activan la parte de descanso y digestión de tu sistema nervioso, puedes aprender a reducir el estrés y conseguir más de lo que nunca creíste posible.

Capítulo 3

CONTROLA TU ENERGÍA

LOS BENEFICIOS OCULTOS DE LA CALMA

La divisa fundamental de un rendimiento elevado no es el tiempo, sino la energía.

Jim Loehr y Tony Schwartz,
El poder del pleno compromiso[1]

Moviéndose despacio al principio y luego rápido, los dos oponentes se abrazan el uno al otro con sus extremidades. El único sonido de la sala es el que hacen sus cuerpos al caer mientras ruedan por el tatami como uno solo. No tiene nada de extraño que a las sesiones de entrenamiento se las llame «rodar». En *jiu-jitsu*, el arte marcial brasileño derivado del judo, la mayor parte de la acción tiene lugar sobre el suelo. El jiu-jitsu se hizo popular durante un torneo de Ultimate Fighter Championship, un evento que mezcla varias artes marciales y en el que, en su forma original, los competidores luchan varias veces al día con pocas reglas en cualquier clase de peso y estilo. Royce Gracie,[2] la leyenda del jiu-jitsu brasileño que en 1993 introdujo por primera vez este estilo de lucha en los campeonatos, es considerado uno de los luchadores más prestigiosos de la historia de las artes marciales mixtas tras ganar en torneos sucesivos y derrotar a hombres mucho más corpulentos y fuertes que él. Normalmente, el peso es una ventaja en las artes marciales. Gracie demostró que no tiene por qué importar, siempre que tengas destreza.

Mike Heitmann, un oficial de policía que trabaja en el turno de noche en algunas de las áreas más peligrosas del sur de California y es cinturón negro de jiu-jitsu, me explicó esta idea contradictoria.[3] Lo conocí cuando vino a una de mis clases de respiración y meditación para veteranos. (Mike también es uno de los marines veteranos que lucharon en la unidad de infantería en Faluya, en una de las batallas más mortales de la guerra de Irak). La relajación profunda que experimentó en clase le impulsó a compartir el secreto del éxito en el jiu-jitsu: el control de la energía.

En una lucha, agitarte y esforzarte excesivamente solo sirve para dejarte exhausto. Pierdes el control y cometes errores. Te agotas y tu oponente te derrota. Si en lugar de eso mantienes la calma, conservarás tu energía y sabrás intuitivamente lo mejor que puedes hacer en cada momento. Para ganar una competición de jiu-jitsu lo fundamental no es luchar duramente sino relajarte, no agitarte sino soltar toda la tensión y el estrés. Irónicamente, la victoria llega cuando dejas de esforzarte.

En nuestra cultura creemos, con demasiada frecuencia, que, como el luchador convencional que hace un tremendo esfuerzo para superar a su oponente por la fuerza bruta, solo podemos tener éxito esforzándonos al máximo: tenemos que darlo todo en cada minuto del día, luchar al límite de nuestras fuerzas y confiar en nuestra voluntad de hierro para que nos ayude a realizar nuestra actividad y superar nuestros miedos. Pero, como también le sucede a ese luchador convencional, a menudo terminamos agotados y exhaustos.

La intensidad con la que trabajamos y vivimos tiene un coste elevado: el desgaste.* Los psicólogos definen el desgaste profesional como sentirse agotado y emocionalmente exhausto. Puedes incluso sufrir una despersonalización (alienación de ti mismo). El resultado es que no eres tú mismo y te resulta imposible trabajar en la medida en que solías hacerlo.[4] En las áreas profesionales estamos alcanzando niveles elevados de desgaste:

- Los profesionales de servicios humanos como profesores, trabajadores sanitarios y trabajadores sociales son especialmente susceptibles al desgaste.[5] Por ejemplo, se considera que el 45% de los médicos de Estados Unidos sufre desgaste.[6]
- Los profesionales financieros también sufren altos niveles de desgaste: del 50 al 80% de los trabajadores de banca de todo el mundo sufren un

* N. del T.: llamado en ocasiones *burnout* o síndrome del quemado.

desgaste total. En Estados Unidos, el 60 % de los trabajadores masculinos de banca y el 70 % de las trabajadoras del mismo sector sufren desgaste.[7]

- En el sector sin ánimo de lucro, el 4 % de los jóvenes empleados no desea seguir trabajando en él; citan el desgaste como una de las dos razones por las que quieren abandonar.[8]

Quizá tú mismo hayas sentido algunas señales de desgaste. Estás agotado al final del día. Tienes los hombros tensos, la mandíbula rígida, rechinas los dientes... Tal vez hayas sufrido algunos de los síntomas del desgaste que describe la Clínica Mayo:[9]

- Te vuelves cínico o crítico en el trabajo.
- Vas sin ganas y te cuesta mucho motivarte una vez que estás allí.
- Te vuelves irritable o impaciente con los compañeros o los clientes.
- Careces de la energía necesaria para ser productivo.
- No sientes satisfacción cuando logras algo.
- No sientes ninguna ilusión por tu trabajo.

La intensidad con la que trabajamos no es la única razón por la que experimentamos desgaste; otros factores, como la falta de alicientes, variedad o representación, también desempeñan un papel.[10] Sin embargo, aunque no siempre puedes controlar estos otros factores, lo que sí depende de ti es cómo empleas tu energía. Como explicó Mike, cuando pones toda tu energía en la lucha, te debilitas y terminas perdiendo. La persona que gana al final es la que ha mantenido la calma bajo presión y ha ahorrado su energía, aplicándola conscientemente y de forma intencionada cuando más la ha necesitado. Resulta que la calma es la clave para un mejor control de la energía. Cultivar la calma te mantiene contento y te ayuda a alcanzar sistemáticamente tus metas, dando lo mejor de ti sin agotarte.

Veamos primero dónde gastamos nuestra energía.

EL COSTE DE LA INTENSIDAD

¿Por qué estamos siempre exhaustos al final de un día de trabajo? ¿Por qué llegamos a casa agotados, únicamente con la suficiente energía para preparar la cena y dejarnos caer sin fuerzas para lo que queda de noche? Normalmente, cuando pensamos en estar cansados, nos vienen a la mente razones físicas: falta de sueño, ejercicio intenso o muchas horas de trabajo físico. Elliot Berkman, profesor de Psicología de la Universidad de Oregón, señala que en nuestra época, cuando poca gente realiza trabajos físicos duros, lo que nos agota son los factores psicológicos.[11] Después de todo, el trabajo físico que realizamos en nuestras profesiones no justifica el cansancio que experimentamos al llegar a casa.

«¿Tu cuerpo se cansa hasta que ya realmente no puedes hacer nada? —pregunta Berkman—. En realidad, requeriría mucho tiempo llegar hasta ese punto de agotamiento físico completo». Si eres trabajador de la construcción, agricultor o médico residente que trabaja en turnos de día y de noche, en ese caso, sí, el agotamiento físico podría ser la causa de tu fatiga. Pero, de otro modo, señala Berkman, tu cansancio es sobre todo psicológico. No quiero decir con esto que la fatiga «está solo en tu cabeza» (aunque, como explicaré después, hasta cierto punto es así). Lo que quiero decir es que te sientes cansado porque los siguientes factores psicológicos te dejan sin energía: emociones de alta intensidad, autocontrol y pensamientos negativos de alta intensidad.

Emociones de alta intensidad

Los psicólogos clasifican las emociones en dos grupos: positivas/negativas, por un lado, y de alta intensidad/baja intensidad, por otro. En otras palabras, ¿la emoción es positiva (como la *euforia* y la *serenidad*) o negativa (como la *ira* y la *tristeza*)? Y ¿es de alta intensidad (como la *euforia* y la *ira*) o de baja intensidad (como la *serenidad* y la *tristeza*).

La investigación demuestra que lo que nos hace vibrar (sobre todo a los occidentales, y en especial a los estadounidenses) son las emociones positivas de *alta intensidad*. La investigación realizada por Jeanne Tsai, de la Universidad de Stanford, con quien dirigí varios estudios, demuestra que cuando les preguntas a los

ALTA INTENSIDAD

Ira Ansiedad Miedo	Entusiasmo Euforia Éxtasis
Tristeza Cansancio Aburrimiento	Serenidad Calma Satisfacción

NEGATIVA

POSITIVA

BAJA INTENSIDAD

estadounidenses cómo les gustaría sentirse, es más probable que nombren emociones positivas de alta intensidad, como *entusiasmo* y *euforia*, en lugar de emociones positivas de baja intensidad, como *relajación* o *satisfacción*.[12] En otras palabras, los estadounidenses identifican la felicidad con la alta intensidad. Por otro lado, las culturas del este asiático valoran las emociones positivas de baja intensidad como *serenidad* y *tranquilidad*.

Cuando Jeanne y yo hacíamos un estudio para descubrir por qué los estadounidenses (y la mayoría de los occidentales) valoran las emociones positivas de alta intensidad, descubrimos que la razón es que creen que necesitan sentir emociones fuertes para tener éxito, especialmente para liderar o influir en los demás. En uno de nuestros estudios, por ejemplo, los sujetos querían sentir emociones positivas de alta intensidad, como entusiasmo, cuando estaban en un puesto que implicaba liderar o tratar de influir en otra persona.[13] Esta intensidad se refleja en el lenguaje que usamos cuando hablamos de lograr un objetivo: estar *con las pilas puestas*, *a tope de adrenalina*, *reventar el mercado*, hacer un proyecto *que arrase* o dar una conferencia que *parta* —todas estas expresiones implican que de algún modo necesitamos ser agresivos: *ve a por ello, arrasa, demuéstrales de lo que estás hecho.*

Sin embargo, el problema es que las emociones de alta intensidad son agotadoras a nivel fisiológico. El entusiasmo, por ejemplo, pese a ser agradable, implica lo que los psicólogos llaman «excitación fisiológica», es decir, la activación de nuestro sistema nervioso simpático (lucha o huida). Las emociones positivas de alta intensidad provocan la misma excitación fisiológica que las emociones negativas de alta intensidad como la ansiedad o la ira: la frecuencia cardiaca se incrementa, se activan las glándulas sudoríparas y nos asustamos con facilidad.[14] Como el entusiasmo activa la respuesta de estrés del cuerpo, cuando se mantiene durante periodos más prolongados de tiempo, puede desgastar nuestro organismo. En otras palabras, la alta intensidad, tanto si proviene de estados negativos —como la ansiedad— como de estados positivos —como el entusiasmo—, perjudica al cuerpo en la misma medida.

Las emociones de alta intensidad también son agotadoras mentalmente. Es difícil concentrarse cuando estamos excitados y sobreestimulados fisiológicamente. Sabemos por la investigación de imágenes cerebrales que cuando sentimos emociones intensas, se activa la amígdala. Tenemos que esforzarnos y recurrir a estrategias de regulación emocional utilizando una parte diferente de nuestro cerebro, localizada en el córtex prefrontal, para calmarnos lo suficiente como para realizar nuestro trabajo.[15] Y esta regulación emocional en sí requiere esfuerzo, como explicaré más adelante. ¿El resultado? Te cansas con facilidad. Tanto si estás lleno de ansiedad como de entusiasmo por finalizar un proyecto o cumplir con una fecha de entrega, estás desgastando el recurso más importante que tienes: la energía.

Naturalmente, el entusiasmo puede ser una emoción positiva y desde luego es mucho más agradable que el estrés. Pero del mismo modo que tomar azúcar, que te puede hacer sentir estupendamente durante un rato, le provoca una subida fisiológica a tu cuerpo que seguramente terminará en una bajada. Si estás entusiasmado, te cansarás antes que si permaneces tranquilo.

Autocontrol

El autocontrol (la disciplina necesaria para atenerte a tus objetivos a pesar de las distracciones) es la segunda causa de que malgastemos nuestra energía, lo que hace que nos cansemos innecesariamente. Tanto si lo llamas fuerza de voluntad como empeño o autocontrol, es la determinación de realizar una tarea aunque no te sientas con ganas, haya otras cosas que te atraigan más en ese momento y tengas que enfrentarte a dificultades. Es fundamental para el éxito.

«Puedo resistirlo todo excepto la tentación», dijo Oscar Wilde.[16] Muchos de nosotros podríamos identificarnos con sus palabras. No es ninguna sorpresa que, en cincuenta países, la gente haya elegido el «autocontrol» como la cualidad que, según ellos, menos poseen.[17]

En el trabajo es donde tendemos a ejercer más autocontrol. Piensa en lo grande que es la tentación de decirles cuatro cosas a tu jefe o a tus compañeros cuando critican tus esfuerzos, de dormir en lugar de esforzarte unas horas más en un documento que tienes que entregar mañana o de responder a un correo electrónico personal en lugar de devolverle la llamada a un compañero de trabajo. El impulso de responder a las distracciones digitales es especialmente fuerte. En un experimento clásico de psicología del que probablemente habrás oído hablar, Pavlov observó que después de acostumbrar a un perro a recibir la comida cada vez que sonaba una campana, el perro empezaba a salivar al oír la campana. Esta reacción (llamada condicionamiento clásico) es lo que nos sucede cada vez que vemos que nos llega un nuevo correo a la bandeja de entrada o escuchamos el sonido que anuncia un nuevo mensaje de texto. Sentimos la adrenalina. La investigación demuestra que tenemos una inclinación natural a prestar atención a lo nuevo.[18] Es mucho más excitante revisar el contenido de un mensaje nuevo que trabajar en las mismas tareas rutinarias de todos los días.

Nos pasamos el día entero intentando (a veces con más éxito que otros) inhibir estos impulsos y seguir con la tarea en la que estamos trabajando. Y este autocontrol es agotador. Desgasta nuestra energía de cinco maneras:

- **Al controlar tus impulsos.** Seguir realizando una tarea en lugar de abandonarla o dar preferencia a las distracciones (mirar Facebook) o tentaciones (salir antes del trabajo para ver a unos amigos).
- **Al controlar tu rendimiento.** Persistir y dar lo mejor de ti a pesar de haber trabajado ochenta horas a la semana durmiendo poco.
- **Al controlar tu comportamiento** (especialmente tus expresiones emocionales).
- **Al mantener un tono y una actitud profesionales** incluso cuando el ambiente de trabajo es hostil y tus compañeros y supervisores toman decisiones con las que no estás de acuerdo.
- **Al controlar tus pensamientos.** Concentrarte en tu trabajo a pesar de todo lo que piensas. Por ejemplo: «Estoy cansado, quiero volver a casa», «A lo mejor lo que debería hacer es dejar este

trabajo» o «Me pregunto si mi pareja está molesta por lo que le dije». O soñar despierto en tus próximas vacaciones.

Dados los múltiples aspectos de comportamiento, pensamientos y sentimientos que debes controlar, ¿de verdad te sorprende que al final del día estés exhausto? Roy Baumeister, profesor de la Universidad Estatal de Florida y experto mundial en el área del autocontrol, ha demostrado repetidamente que ejercer autocontrol requiere un gran esfuerzo. Compara el autocontrol con un músculo, que puede fortalecerse pero que también termina desgastándose.[19] Pasado un tiempo, se cansa y se debilita.

Irónicamente, cuando el autocontrol se ejerce en exceso, resulta tan agotador que tiene efectos negativos y lleva a todo lo contrario: absoluto descontrol. Si alguna vez has iniciado una dieta o un régimen de ejercicio o te has hecho alguno de esos buenos propósitos de Año Nuevo, ya sabes lo difícil que puede ser no darse por vencido. Con mucha frecuencia nuestros esfuerzos fracasan y terminamos descontrolando y comiendo todavía más que antes de empezar la dieta.

En una serie de estudios en los que se contemplaban distintas circunstancias, Baumeister demostró que cuando los participantes ejercían autocontrol durante el primer ejercicio de un estudio, era más probable que fueran impulsivos y que carecieran de autocontrol en el siguiente, mostrando signos de lo que parecía ser «fatiga del autocontrol» o, como él lo llamaba, *agotamiento del ego*. Estos estudios lo llevaron a sostener que el autocontrol es un recurso limitado. Por ejemplo, en uno de ellos, los investigadores hornearon galletas de chocolate, inundando el laboratorio de un aroma delicioso.[20] A continuación hicieron entrar a los participantes. A algunos se los invitó a comer las galletas de chocolate y se colocó un bol de chocolatinas delante de ellos. A otros se les pidió que comieran los rábanos que se distribuyeron cerca de las tentadoras galletas y chocolatinas. Luego les pusieron un ejercicio: tenían que trabajar en un acertijo que, aunque ellos lo ignoraban, era imposible de resolver. Los investigadores descubrieron que los participantes que habían ejercido autocontrol al comer rábanos en lugar de las deliciosas galletas y chocolatinas se rindieron antes con el acertijo que los que habían comido las galletas y las chocolatinas o que un grupo de control al que no se le había mostrado el chocolate ni los rábanos.

En otro experimento, se les pidió a la mitad de los participantes que argumentaran en favor de algo a lo que se oponían (la subida del precio de la matrícula académica) mientras que la otra mitad no tenía que hacer esta parte del ejercicio.[21] Ambos grupos de participantes recibieron los acertijos irresolubles para que trataran de resolverlos. Una vez más, los que habían defendido algo con lo que estaban en contra se rindieron antes que los demás. Siempre que se ejerce el autocontrol, ya sea en el caso de placeres sensoriales, como comer chocolate, o de convicciones personales, se debilita cuanto más lo usas. Desde que Baumeister mostró por primera vez este efecto, más de doscientos estudios han confirmado sus conclusiones, reforzando así la idea de que el autocontrol se agota con el tiempo.[22]

¿Alguna vez has sentido que tu autocontrol es fuerte por la mañana pero se va desvaneciendo a lo largo del día, hasta quizá desaparecer por completo al llegar la noche? Una vez más, este fenómeno se debe a la fatiga del autocontrol.

La investigación demuestra, por ejemplo, que si ejerces autocontrol durante el día (pongamos por caso controlar tu estado de ánimo en el trabajo), es probable que al llegar la noche tengas menos autocontrol con el alcohol.[23] Sobrellevar el estrés todo el día, según la investigación, aumenta tus probabilidades de saltarte la dieta al regresar a casa.[24] Por la mañana, quizá tengas la fuerza de voluntad para levantarte de la cama e ir al gimnasio. Pero después de un día entero reprimiéndote (controlando lo que dices enfrente de tus compañeros de oficina, diciendo no a la hamburguesa con patatas del almuerzo para comerte en su lugar una ensalada y resistiendo la tentación de leer las entradas de algún blog cuando deberías estar contestando los correos electrónicos que recibes en el trabajo) te cuesta mucho más resistir la tentación de olvidarte de tus ejercicios de gimnasia vespertinos y ponerte a ver la tele.

Un estudio incluso demostró que, a medida que transcurre el día, tenemos más probabilidades de incurrir en conductas inmorales. Por la mañana, cuando nuestro autocontrol está en su punto álgido, es menos probable que actuemos de manera inmoral que al final del día.[25] Según los investigadores, este «efecto de la moralidad matutina» se debe en parte a la disminución del autocontrol en la tarde. Un estudio similar llegó a la conclusión de que es más probable que la gente engañe o actúe de alguna otra manera poco ética tras tener que resistir la tentación.[26] Quizá la fatiga del autocontrol explique los casos famosos de personas con puestos de alta intensidad que han demostrado una gran falta de autocontrol. La prensa con frecuencia destaca noticias sobre políticos y directivos de alto nivel enredados en escándalos extramaritales o financieros. Sus exigencias laborales son de una intensidad poco frecuente y requieren un autocontrol enorme: su comportamiento ha de ser impecable, sus palabras calculadas, su atención constante durante largas jornadas de trabajo. Cuando la carga de obligaciones y la presión son tan intensas y la necesidad de autocontrol tan grande, llega un momento en que sucumben a la fatiga del autocontrol y toman decisiones equivocadas.

Como mencioné en el capítulo anterior, los estudios del desaparecido psicólogo de Harvard Daniel Wegner sugieren otra razón por la que cuanto más autocontrol ejercemos más probable es que perdamos el

control.[27] En esta teoría, llamada «los procesos iróni-
cos», explica que el mismo acto de suprimir un pensamiento (el clásico «no pienses en un elefante rosa»)
hace que compruebes si estás logrando suprimir ese
pensamiento, y al hacerlo, ¡piensas una y otra vez en lo
que no querías pensar!

Los investigadores han descubierto que hay una razón fisiológica por la que el autocontrol disminuye y
termina volviéndose en contra nuestra: nos agota físicamente. Baumeister demostró que ejercer autocontrol
provoca una bajada significativa de los niveles de azúcar
en la sangre.[28] Sabemos que el cerebro requiere glucosa
prácticamente para todas sus actividades, y el autocontrol parece ser especialmente desgastante. A su vez, los
niveles bajos de azúcar conducen a un autocontrol de-
ficiente, lo que explicaría por qué nuestro autocontrol
sufre altibajos. Los investigadores han comparado esta
pérdida de autocontrol con lo que sucede tras beber alcohol. El alcohol disminuye los niveles de azúcar en la
sangre, reduciendo nuestra capacidad para ejercer autocontrol.[29] El azúcar bajo produce fatiga física, lo que
explica por qué nos sentimos tan agotados al final de
una jornada de trabajo, a pesar de no haber realizado
ningún ejercicio físico vigoroso.

Indiscutiblemente, el autocontrol y la disciplina
son útiles. Sin embargo, cuando ejercemos demasiada
presión sobre nosotros mismos, nos agotamos mental y físicamente y es menos probable que alcancemos

nuestros objetivos. Bajo cualquier tipo de estrés o carga (y la presión que ejercemos sobre nosotros es un tipo de estrés) sucumbimos a la misma tentación que queremos evitar.

Pensamientos negativos de alta intensidad

Los pensamientos negativos de alta intensidad son un tercer factor que desgasta nuestra energía. Nuestros pensamientos tienen la capacidad de agotarnos significativamente. No me estoy refiriendo solo al tipo de pensamiento intenso que se requiere para concentrarse en una tarea compleja, como por ejemplo analizar datos, escribir un informe o gestionar los detalles de un proyecto. Puede que los pensamientos que te agotan no estén relacionados directamente con tu trabajo; quizá se trate más bien de la tendencia a preocuparse y «catastrofizar», por un lado, y tus propias creencias sobre lo que te va a hacer sentir cansancio, por otro.

Preocuparse y catastrofizar

Tal vez creas que preocuparse no es una de las causas de la fatiga, pero pensar continuamente cosas del estilo de «¡no voy a poder terminar esto a tiempo!», «¿qué sucederá si lo estropeo todo?» o «¿cómo voy a conseguir hacer esto?» puede mermar significativamente tu energía.

No es de extrañar: la investigación muestra que preocuparse está asociado a la fatiga.[30] ¿Por qué? Porque al preocuparnos nos imaginamos y anticipamos situaciones negativas. Como consecuencia de esto, se elevan nuestros niveles de estrés y entramos en el estado de excitación fisiológica de la respuesta de lucha o huida. Nuestro cuerpo cree que se encuentra en peligro, y nuestro sistema nervioso está altamente activado: se eleva nuestra frecuencia cardiaca, nos sudan las palmas de las manos, nuestro cuerpo prepara una respuesta inmunitaria. El resultado: nos cansamos.

Con frecuencia lo que provoca el estrés no son las actividades que están en tu lista de tareas por realizar, sino tu *preocupación* por realizarlas. Por ejemplo, ¿has tenido algo en esa lista durante semanas? Cada vez que te acuerdas, te entra ansiedad porque aún no lo has hecho. Sigues planeando hacerlo, y está siempre en algún lugar de tu mente. Solo pensarlo te agota. Luego, un día te pones finalmente manos a la obra y lo haces en una hora. No era para tanto, ni tampoco era agotador. Pero durante semanas te había ido creando una tensión que te dejaba exhausto.

Preocuparte también puede llevarte a rumiar tus problemas. Por ejemplo, si un compañero te trata injustamente, cuando regresas a casa puedes seguir pensando en el trabajo, dándole vueltas una y otra vez a la situación y a lo que harás mañana para solucionarla. Esos pensamientos no solo te agotan sino que (al perturbar tu sueño) también te impiden descansar y reponer fuerzas.

Preocuparte también puede llevarte a *catastrofizar*, un término empleado por los psicólogos que significa tener miedos irracionales de que algo terrible va a suceder. Podrías imaginarte lo peor que puede ocurrir: «¡Si no lo hago bien, perderé mi trabajo y terminaré viviendo en la calle!». O cuando cometes un pequeño error, podrías llegar a la conclusión de que eres un verdadero fracaso. Este tipo de pensamiento negativo eleva innecesariamente los niveles de estrés, nos agota y nos deprime.[31] El resultado: has agotado tu energía.

Creencias sobre la fatiga

Tus creencias sobre lo que causa cansancio también juegan un papel importante en tu agotamiento. De hecho, Elliot Berkman hace referencia a una investigación pionera que demuestra que la fatiga suele estar determinada por tus creencias más que por un verdadero agotamiento físico. En un estudio revelador,[32] la psicóloga de Stanford, Carol Dweck y sus compañeros evaluaron si la gente creía que su fuerza de voluntad era un recurso limitado pidiéndoles a los participantes que decidieran si estaban de acuerdo con frases como: «Tras una actividad mental extenuante tu energía se desgasta y debes descansar para reponerla» (teoría del recurso limitado) o «Tu energía mental se renueva por sí misma; incluso tras realizar un trabajo mental extenuante puedes seguir trabajando aún más» (teoría del recurso no limitado). Luego midieron el cansancio de los participantes después de realizar una tarea que supone un desgaste energético. La psicóloga observó que sus creencias determinaban que disminuyera o no su fuerza de voluntad: si creían que su fuerza de voluntad disminuiría, lo hacía. En otras palabras, si crees que una tarea te va a producir cansancio, esto es lo que sucederá. En otro estudio, los participantes terminaron o no una tarea pesada y luego recibieron un informe falso sobre el cansancio que les había provocado esa tarea.[33] Aquellos a quienes se les dijo que estaban más cansados rindieron peor en un ejercicio posterior de memoria, independientemente de si habían logrado terminar o no la tarea pesada. Tu creencia de que algo es extenuante es tan poderosa que determina un rendimiento inferior.

Estos ejemplos muestran que tu mente puede influir de una manera extraordinaria en tus niveles de energía, especialmente las creencias y pensamientos sobre tu trabajo y sobre lo extenuante que es. Si cuando vas a trabajar esperas agotarte, probablemente eso es lo que sucederá. Una vez tuve un compañero que odiaba los grandes eventos y conferencias que organizábamos habitualmente. Esperaba que fueran agotadores. En los días en los que se celebraba algún evento, llegaba a la oficina diciendo: «¡Esto es el apocalipsis!». Inevitablemente, después de aquello quedaba exhausto y tenía que darse unos días de baja. Por otro lado, otros compañeros estaban siempre deseando que se celebraran estos grandes eventos. Ellos no mostraban los mismos signos de agotamiento. Si piensas que este fenómeno se parece al efecto placebo, tienes razón. La investigación descubre cada vez más maneras en las que nuestra mente determina nuestras capacidades y nuestro bienestar, entre ellas lo cansados o descansados que nos sentimos.

Cuando nos empujamos mentalmente hasta el límite (experimentando emociones de alta intensidad, ejerciendo demasiado autocontrol o cayendo en las preocupaciones y las falsas creencias sobre lo que nos hace sentir cansados), agotamos la energía que necesitamos para realizar un buen trabajo. Luego, al enfrentarnos a un desafío o a una tarea crucial, nos sentimos excesivamente cansados y nuestras capacidades cognitivas están demasiado afectadas para que podamos rendir al máximo. La parte positiva es que podemos tratar estos hábitos. Podemos aprender a manejar nuestra energía. El secreto es permanecer en calma.

LA CALMA: CLAVE DEL CONTROL DE LA ENERGÍA

Cuando estamos cansados por razones puramente físicas (por haber corrido una maratón, por ejemplo), la fatiga dura hasta que nuestro cuerpo se recupera. La solución es sencilla: descanso. Sin embargo, cuando la razón por la que estamos exhaustos es psicológica, no siempre basta con descansar. Tenemos que tratar con esos factores psicológicos a nivel mental. Pero ¿cómo? Como vimos en el capítulo 2, es difícil controlar los pensamientos y los sentimientos. Es más, aunque la investigación demuestra que los pensamientos negativos desgastan nuestra energía,[34] intentar controlarlos ocasiona incluso más fatiga.[35] Aquí es donde entra en juego la calma.

Durante la segunda guerra mundial, el Gobierno británico creó carteles para elevar la moral de los ciudadanos. Uno de ellos decía: «Mantén la calma y sigue adelante».* Este cartel iba a ser desplegado en el caso de que los alemanes invadieran el Reino Unido. Recientemente, esta frase con diversas variaciones humorísticas se ha popularizado en camisetas, tazas de café, bolsas y memes de Facebook. Sin embargo, este curioso eslogan creado en los años cuarenta del pasado siglo por un funcionario británico encierra todavía más sabiduría de lo que parece. Los descubrimientos científicos sugieren que la calma te ayuda a conservar la energía mental, te permite ejercitar el autocontrol sin esfuerzo y, al proporcionarte una perspectiva más amplia, reduce el poder de los pensamientos negativos.

Cómo te ayuda la calma a conservar tu energía

En Occidente, valoramos las emociones de alta intensidad. De hecho, el único caso en el que preferimos emociones positivas de baja intensidad como la calma es como antídoto del estrés y la preocupación. Aprendemos técnicas de relajación para superar el miedo

---

* N. del T.: *Keep Calm and Carry On.*

escénico, nos damos un baño caliente para relajarnos después de una dura semana de trabajo o recibimos un masaje para que nos ayude a recuperarnos tras terminar un proyecto de trabajo especialmente estresante. Pero normalmente no asociamos emociones de baja intensidad como la calma con el éxito. La calma incluso puede parecer contraproducente. Permanecemos en calma cuando estamos de vacaciones, en la playa, o en una esterilla al final de una clase de yoga. No (nos parece) cuando estamos trabajando en una propuesta, terminando un gran proyecto dentro de su plazo o impartiendo un seminario. La calma nos brinda imágenes de pasividad, pereza, letargo o ineptitud.

Sin embargo, estar tranquilo no te hace menos productivo. Ni te hace pasivo tampoco. Al contrario, estar en calma te permite hacer tu trabajo gastando menos energía de la que emplearías estando de otro modo. La calma, al ser una emoción de baja intensidad, no supone ninguna carga para tu fisiología. El corazón no late más rápido de lo normal, las palmas no sudan y la respiración se mantiene estable. El cuerpo está relajado. Como resultado de esto, en lugar de gastar tu energía durante el día y agotarte rápidamente, la conservas y la utilizas a voluntad.

Quizá pienses que la verdad es que disfrutas del «subidón» de ansiedad y entusiasmo que te produce tener una fecha límite. Este es el acicate que te hace actuar. El estrés y el entusiasmo son vigorizantes. Por eso es por lo que las bebidas «energéticas» se han vuelto tan populares: la cafeína eleva la adrenalina, que normalmente se segrega en respuesta al estrés. Pero como expliqué antes, del mismo modo en que tenemos un «bajón» a las pocas horas de tomar una bebida energética, también nos cansamos rápidamente tras experimentar estados emocionales de alta intensidad.

Por supuesto, no estoy sugiriendo que no deberías sentir nunca entusiasmo ni ninguna otra emoción positiva de alta intensidad. Esto nos brinda alegría. Pero entender el impacto fisiológico de las emociones positivas y negativas de alta intensidad te permitirá utilizar más hábilmente las emociones. Usar el «subidón» de las emociones de alta intensidad cuando lo veas apropiado es una cosa, pero hacerlo todo el tiempo es un mal uso de la energía. En lugar de eso, utiliza las emociones de alta intensidad como herramientas cuando las necesites. Hay situaciones (quizá en una reunión que estás liderando) en las que es conveniente inspirar a los demás y estar muy entusiasmado e ilusionado. En cambio, en otras situaciones (como cuando estás respondiendo tus correos electrónicos) probablemente prefieras evitar gastar una gran cantidad de energía para una tarea tan trivial.

Usar de manera selectiva las emociones de alta intensidad y permanecer en calma el resto del tiempo te permite conservar la energía a largo plazo.

Por ejemplo, ¿rindes al cien por cien en todas las tareas que realizas? ¿Eres un perfeccionista que necesita hacerlo todo, hacerlo bien y hacerlo ahora mismo? ¿De verdad todo tiene que estar absolutamente perfecto o puedes hacer algunas tareas de la mejor manera posible mientras que otras están bien con un poco menos de atención y esfuerzo? Aunque ciertamente el perfeccionismo tiene su valor y puede impulsarte a dar lo mejor de ti, también tiene un lado oscuro porque puede llevarte a unas exigencias excesivamente elevadas y dar lugar a preocupaciones, ocasionándote un desgaste.[36] El perfeccionismo en el trabajo (al contrario que en los deportes o la educación) lleva a riesgos aún mayores de desgaste.[37] Los perfeccionistas tienen unos niveles tan elevados de exigencia que resultan imposibles de alcanzar; por eso viven constantemente en un estado de estrés elevado. No debe sorprendernos que el perfeccionismo se haya asociado a pensamientos suicidas,[38] ansiedad, depresión[39] y falta de rendimiento.[40] Permanecer en calma te permitirá ver objetivamente cuál es la mejor manera de enfocar el trabajo y manejar tu energía en consecuencia. En muchos casos basta con que este sea «satisfaciente»,[*] que significa conformarnos con un resultado bueno.[41] Puedes emplear toda tu energía en un proyecto de trabajo, pero entiende que no tendrás fuerzas para enfrentarte a las demás responsabilidades. No te sugiero que hagas el trabajo a medias, tan solo que no esperes la perfección en cada detalle del proyecto.

---

[*] N. del T.: *satisficing* es un cruce entre las palabras *satisfying,* 'satisfactorio', y sufficient, 'suficiente'.

Puede que algunos proyectos no necesiten el mismo grado de atención que otros. La calma te dará la perspectiva que necesitas y te ayudará a determinar cuándo algo que está bien es suficiente.

Puedes pensar que estar calmado te impedirá tener el impacto que deseas. Sin embargo, permanecer en calma no te impide explicar tus ideas con rotundidad. Por ejemplo, una vez trabajé como voluntaria para ayudar a organizar una gran conferencia a la que asistirían miles de personas. Nuestra líder (Tanuja Limaye), que practicaba la meditación desde hacía muchos años, era la calma personificada. Lo tenía todo bajo control y animaba a todo el mundo a hacer un gran trabajo; aun así permanecía completamente serena. Hubo un momento en que tuvo que amonestar a uno de los miembros del personal por cometer un error. Observé cómo alzaba la voz y parecía enfadada. Pero de algún modo podía notar que no lo estaba. Cuando una persona se enfada, normalmente lo sientes. Puede que se sonroje y prácticamente se siente cómo el corazón se le acelera. Tanuja estaba muy seria y comunicaba de forma clara su decepción. Definitivamente, la persona a la que estaba amonestando entendió lo que quería decirle. Sin embargo, cuando observabas a Tanuja de cerca, podías ver que por dentro permanecía totalmente en calma. Al exponer los hechos al miembro del personal, habló con contundencia, pero sin resentimiento. No se sentía herida ni profundamente enfadada. Dos minutos más tarde, estaba riendo y bromeando con el mismo miembro del personal. Había pasado página. Hizo su trabajo pero sin gastar energía.

Por qué la calma es la clave del autocontrol eficaz

Ejercemos el autocontrol innumerables veces a lo largo de cualquier día laboral (¡y por las noches también!), y eso nos agota. Cuando experimentamos emociones de alta intensidad, como entusiasmo o estrés, necesitamos todavía más autocontrol, porque la excitación fisiológica añade un elemento más que hay que controlar. Por ejemplo, el corazón te late con ansiedad por la conferencia que has de dar, y al exponer tu mensaje tienes que controlar no solo las palabras, sino también tu cuerpo para no tartamudear o perder el hilo de tu discurso.

Los estados de tranquilidad son la clave para un autocontrol sin esfuerzo. Mantener la calma te ayuda a estar presente en la tarea que estás realizando, haciendo que resulte más fácil evitar distracciones. De esta manera prestas atención espontáneamente sin necesidad de autocontrol.

Intuitivamente sabemos que permaneciendo en calma tendremos más capacidad para concentrarnos. En uno de mis estudios invité a dos participantes al laboratorio. El primero de ellos tenía que seguir las instrucciones del segundo para resolver un problema, de manera que tenía que escuchar cuidadosamente la orientación que este le ofrecía. Cuando les pregunté a los primeros participantes de cada pareja cómo les gustaría sentirse durante la tarea, me respondieron que querían sentirse tranquilos. [42] Sin duda habrás experimentado que tu mente deja de ir a mil por hora cuando estás relajado y en paz. La investigación confirma que tu atención a lo que te rodea se vuelve más amplia, más inclusiva y más aguda cuando estás en calma.[43] Eres capaz de asimilar más.

Otra razón por la que la calma hace que el autocontrol se pueda ejercer sin esfuerzo es que conservas la energía y así estás menos cansado. Como muestra la investigación de Baumeister, cuando el autocontrol nos falla es *cuando estamos fatigados* y hemos agotado nuestra energía.

Cómo la calma reduce el impacto de tus pensamientos

Estando en calma tienes más capacidad de controlar tus pensamientos y sentimientos. Cuando éramos bebés, nos centrábamos en nuestro mundo interno, sentíamos el hambre o la sed, el sueño o el miedo. Cuando crecemos, el mundo interno se nos hace cada vez más lejano y desconocido ya que le damos prioridad al externo. Los adultos nos centramos principalmente en lo exterior, en aquello que llama la atención de los sentidos: el teléfono que suena, el compañero que entra en la oficina para hablar, los mensajes urgentes en la bandeja de entrada, la pantalla del ordenador, los artículos del periódico y los aromas agradables. De adultos solemos prestar atención a nuestro interior (nuestros pensamientos y emociones) solo cuando suena una alarma o algo nos sorprende, o cuando experimentamos placer («¡Guau, qué bueno estaba eso!») o dolor («¡Ay!»). Quizá de repente notemos tensión en la espalda o en el cuello por haber estado sentados frente al ordenador durante demasiadas horas seguidas. O tal vez comprendamos que nuestra mente está agitada por el miedo o de pronto sintamos un arrebato de ira, el ahogo de la tristeza o una especie de languidez inspirada por el amor.

Pese a que no le prestamos mucha atención, ser consciente de nuestro interior tiene mucha más importancia de lo que comprende la mayoría de la gente. Dado que los pensamientos negativos y las creencias sobre lo que nos hace sentir cansados afectan tanto a nuestros niveles de energía, es fundamental reconocerlos cuando surgen. La consciencia interna nos permite observar estas creencias y pensamientos, en lugar de permitir que dirijan nuestra vida.

En el cerebro existe un circuito neuronal dedicado a la consciencia interna.[44] Sin embargo, cuando nos sentimos heridos fisiológicamente por las emociones de alta intensidad, puede ser más difícil acceder a este circuito porque otras partes del cerebro están en alerta máxima. Es probable que tanto si sientes una subida

LA ESTELA DE LA **FELICIDAD**

producida por la cafeína como si tienes nervios por la ansiedad o el entusiasmo te hace sentir que te comes el mundo, tu mente esté muy agitada.

Estás a merced de tu estado de ánimo, tus palabras y decisiones reflejan directamente el estrés que estás sintiendo. El resultado es que tu proceso de pensamiento no es tan claro ni tan racional como podría ser, y es más probable que actúes impulsivamente y que digas o hagas cosas de las que más tarde te arrepientas.

En cambio, si estás tranquilo, es más fácil entrar en contacto con tu consciencia interna y observar tu actividad mental. Puedes notar cuándo empiezas a enredarte en pensamientos ansiosos y frenéticos y, de ese modo, decidir conscientemente no rendirte a esos pensamientos ni darles más fuerza.

En lugar de eso, puedes observar los pensamientos como si fueras un espectador mirándolos en una pantalla. Por ejemplo, en lugar de pensar: «Me preocupa que mi jefe diga *esto* o *lo otro* en su evaluación anual», dándole vueltas sin parar a lo peor que puede ocurrir, podrías limitarte a notar: «Me está entrando un montón de ansiedad ahora mismo», sin echarle gasolina al fuego. O en lugar de pensar: «Me tiene que salir maravillosamente la conferencia, para no hacer un ridículo espantoso», podrías decirte a ti mismo: «Ya estoy montándome un drama otra vez». Cuando estás calmado tienes un mayor control sobre tu mente; no te dejas llevar por esos pensamientos y emociones, sino que decides ignorarlos. No tienes que resistirte a ellos, ya que, como hemos visto, resistirse a los pensamientos solo los hace más fuertes. Sencillamente aceptas que están ahí *sin identificarte* con ellos. Tus emociones no te controlan. En lugar de ser un esclavo de tus pensamientos impulsivos, decides conscientemente lo que vas a decir o a hacer. No permites que los pensamientos negativos y estresantes te agoten; en lugar de ello, conservas tu energía.

Las culturas asiáticas han sostenido desde hace mucho tiempo que la calma es una fuente de fuerza y poder inmensos. El término chino *wuwei*, 'no acción', se define como la clave de la vida en el taoísmo y su texto fundamental, el *Tao Te Ching*. Este texto aboga por *wei wu wei*, 'acción sin acción'. Esto suena como un acertijo, pero es un acertijo impregnado de sabiduría. Una manera de interpretar esta expresión es que la calma es la «inacción» en la «acción». Puedes estar en medio de una reunión con un cliente importantísimo o negociando el contrato del siglo, pero por dentro permaneces en paz, sereno y enraizado. A consecuencia de esto te vuelves más observador, escuchas mejor, te comunicas con mayor elocuencia y tomas mejores decisiones. Ganes o pierdas, triunfes o fracases, saldrás airoso de esta situación porque has permanecido centrado y relajado.

Cuando *estás* en calma, te encuentras en una posición de poder. Porque tu mente está presente, eres capaz de concentrarte espontáneamente. La calma es un estado en el que no se necesita autocontrol, porque el control ya lo tienes.

¿Por qué? Porque puedes ejercer tu voluntad sobre tu estado de ánimo. Como me dijo Sarah Severn, directora principal de innovación de sistemas, negocio sostenible e innovación en Nike, «puedes elegir cómo reaccionar a cualquier circunstancia en la que te encuentres: puedes reaccionar con alegría, puedes reaccionar con depresión o sintiéndote como una víctima o puedes ver esto de una manera más neutral, como un momento que te está enseñando algo. La mayor influencia que puedes ejercer es escuchar a tu corazón y a tu propósito más elevado en lugar de dejar que la mente te arrastre. Si consigues hacer eso, el ego se aparta y puedes influir positivamente en los demás».[45] Cuando estás en calma, no te arrepientes de lo que haces, porque (en lugar de reaccionar simplemente al mundo que te rodea) eliges tus acciones: están bien pensadas y surgen de un estado mental lúcido y objetivo. Trabajas con soltura en lugar de esforzándote; estás relajado en lugar de tenso. Y lo más importante, has controlado tu energía y no sufres desgaste.

Cómo cultivar la calma

Habrá días en los que te resultará difícil calmar la mente, especialmente en situaciones con una carga emotiva o bajo plazos muy ajustados. ¿Cómo cultivamos la calma para que se vuelva automática? Una de las mejores maneras de hacerlo es por medio de la meditación.

La popularidad de la meditación, en ocasiones llamada *mindfulness*, ha crecido durante la última década. Ha sido el tema de artículos de prensa, programas de televisión y un sinfín de libros gracias a la creciente investigación sobre sus beneficios. A consecuencia de esto, muchos individuos enormemente exitosos (desde personalidades de la televisión como Oprah Winfrey hasta el director general de Skoll Global Threats Fund, Larry Brilliant, pasando por el referente de la industria musical Russell Simmons y el presidente ejecutivo de Ford Motor Company, Bill Ford) han adoptado la meditación, la consideran una práctica indispensable en sus vidas y pregonan sus beneficios.

Un estudio demostró que la meditación puede protegerte contra los efectos extenuantes del autocontrol.[46] Los investigadores repitieron el clásico experimento de Baumeister: los participantes realizaban una tarea en la que tenían que emplear todo su autocontrol y luego se encargaban de una segunda tarea difícil. Si su autocontrol se había agotado en la primera tarea, normalmente realizaban peor o abandonaban más fácilmente la segunda. En este estudio, la diferencia consistía en que algunos de los participantes meditaban entre una tarea y la siguiente mientras que otros no. Los científicos descubrieron que aquellos que meditaban realizaron la segunda tarea tan bien como los que no habían realizado la primera tarea. Por lo tanto, la meditación parece ser una herramienta útil para recargar las pilas e impedir el agotamiento tras efectuar una tarea difícil que requiera autocontrol. La meditación también se ha asociado a una reducción del estrés y la ansiedad, así como a una mejoría de la regulación emocional, lo cual nos ayuda aún más a conservar la energía.[47]

Si nunca has probado la meditación, quizá te sientas intimidado. En realidad, es uno de los ejercicios más sencillos que puedes realizar. Como primer paso, solo tienes que cerrar los ojos y llevar tu atención hacia el interior. En otras palabras, en lugar de centrarte en el mundo a tu alrededor (los sonidos, imágenes, olores, etc.), céntrate en lo que está sucediendo dentro de tu cuerpo y tu mente. No tiene por qué ser más complicado que eso. El simple acto de mirar hacia dentro durante solo unos cuantos minutos puede tener un efecto bastante reparador. Empieza por cinco minutos cada vez. Primero sé consciente de las sensaciones físicas: cualquier sensación en tu cuerpo, el movimiento de tu respiración, tus latidos, la sensación del suelo o de la silla debajo de ti, la ropa sobre tu cuerpo, cualquier joya o anillo que lleves... A continuación lleva tu atención a los pensamientos y sentimientos: nótalos sin dejarte llevar por ellos, como si los vieras en la pantalla de un cine. Poco a poco incrementa tu tiempo de meditación a medida que vayas adquiriendo seguridad. Una manera todavía más sencilla de meditar es centrarte en la respiración, fijándote en cada inspiración y espiración. Este ejercicio puede parecer tremendamente aburrido, pero descubrirás que, con el tiempo, el resultado es un estado mental mucho más tranquilo. Hay un gran número de clases, libros y discos de meditación que te ofrecen orientación sobre cómo meditar y que proponen diferentes técnicas que podrían resultarte atractivas. También hay varias aplicaciones en el mercado, como Sattva o Headspace, que ofrecen meditaciones para principiantes.

Si no estás preparado para la meditación, sencillamente escoge una postura física que invite a la calma. Como vimos en el capítulo 2, transformar tu fisiología puede cambiar radicalmente cómo te sientes. Un campo fascinante de investigación llamado *cognición corporizada* ha demostrado que el simple hecho de cambiar nuestra postura corporal puede modificar nuestro estado de ánimo. Hay mucha sabiduría en la frase «es mejor que te sientes» antes de escuchar noticias alarmantes o en el consejo «duerme y mañana verás las cosas de otra manera» ante un problema difícil. Digamos por ejemplo que estás lleno de ansiedad o ira por algo y no sabes cómo calmarte. Un estudio de imágenes cerebrales de la Universidad A&M de Texas mostró que el simple acto de tenderse puede reducir las emociones de ira y hostilidad.[48] Los consejos y el ejercicio de respiración del capítulo 2 son otras maneras de cambiar tu fisiología para calmar tu cuerpo y tu mente. También podrías plantearte ir a una clase suave de yoga o taichí basada en la conciencia o incluso a una clase de estiramientos.

Haz que estas prácticas sean parte de tu rutina diaria hasta que la consciencia interna y la calma se integren en ti. La investigación sugiere que los beneficios de los ejercicios del estilo de la meditación se desarrollan con el tiempo de forma acumulativa. Cuanto más meditas, más beneficios alcanzas,[49] de manera que la calma comienza a dominar tu vida.

CÓMO RESTAURAR TU ENERGÍA MENTAL

Permanecer tranquilo te ayudará a controlar tu energía para que no se agote rápidamente. Sin embargo, habrá momentos en que te sentirás agotado y necesitarás recuperar tus niveles mentales de energía. Controlar la energía mental significa saber cuándo necesitas reponerte (sin cafeína ni emociones de alta intensidad). A continuación verás algunas maneras validadas empíricamente de restaurar la energía cuando se ha agotado.

Haz algo que te haga sentir bien

En un estudio, los participantes que vieron un vídeo corto humorístico o recibieron un regalo sorpresa no mostraron fatiga tras ejercer el autocontrol.[50] Otro demostró que, a los individuos religiosos, la oración les ayuda a protegerse contra el agotamiento.[51] Aparte de la investigación, tú sabes mejor que nadie la clase de actividades que te eleva la moral. Crea una lista y tenla a mano, para que no tengas que pensar qué puedes hacer cuando te sientas mentalmente exhausto. Por ejemplo, si estás en el trabajo, para reponer tu energía podrías dar un paseo, tomarte un descanso, ver un vídeo divertido de YouTube, mirar fotos de tus seres queridos, meditar o llevar a cabo un acto espontáneo de bondad con algún compañero.

Convierte lo que estás haciendo en algo que quieres hacer

Hay muchas actividades que implican esfuerzo pero no te cansan. ¿Por qué? ¡Porque te encantan! Elliot Berkman nos recuerda: «Si te sientes cansado pero hay algo que sea verdaderamente divertido, de repente cobras nuevas fuerzas». Berkman, que admite que le encanta el dulce, me dijo que a veces vuelve a casa tras una larga jornada sintiéndose agotado y deseando comerse un helado. Si no hay helado en el congelador, aún es capaz de reunir la energía necesaria para ir a comprarlo, aunque para eso tenga que ponerse un abrigo y botas para la nieve, quitar la nieve de la entrada y calentar el coche para conducir hasta una tienda que está a veinte minutos de distancia. La gente tiene bastante energía para aquello que quiere hacer.

Hay algo de verdad en el dicho, atribuido a Confucio: «Elige un trabajo que ames y nunca tendrás que trabajar un solo día en tu vida». Ahora bien, el problema es que no siempre podemos elegir hacer lo que amamos, ya sea en nuestras carreras o en nuestras vidas personales. Sin embargo, *podemos elegir cómo enfocar nuestro trabajo* de manera que seamos capaces de disfrutarlo más. En lugar de pensar en el trabajo como trabajo, replantéatelo pensando en lo que te gusta de él. Aquí hay unas cuantas sugerencias apoyadas por la investigación.

No pierdas de vista la perspectiva general de las cosas

Céntrate en el *por qué* en lugar de en el *cómo* de una tarea o un trabajo. Por ejemplo, si estás trabajando en una tesis o creando una empresa y has perdido la motivación y la energía, recuerda por qué lo haces: estás preparando la tesis porque te apasiona el tema y estás deseando llegar a ser profesor y enseñarlo o porque tu empresa revolucionará ese ámbito y cambiará por completo la manera en que la gente hace las cosas.

Entender cómo te conecta tu trabajo con aquello que te importa sobre ti y tus valores restaurará tu energía. Por ejemplo, si tu empresa vende cierto dispositivo o producto y para ti es importante tener una influencia positiva en la vida de las personas, puedes pensar en cómo ese dispositivo o producto las está ayudando a satisfacer sus necesidades. El psicólogo organizacional Adam Grant, profesor de Administración de la Escuela de Negocios Wharton, ha investigado este efecto.[52] Grant estudió un centro de atención telefónica de la universidad en el que los empleados hacían llamadas para recaudar fondos destinados a la ayuda económica.

Después de que llevara a este centro a uno de los estudiantes que se habían beneficiado de esa iniciativa para que explicara cómo había cambiado su vida gracias a esa ayuda, hubo un incremento considerable de producción en el centro. ¿Por qué? Porque los trabajadores del centro se emocionaron al conocer el impacto que tenía su labor. A partir de ahí su trabajo se convirtió en una misión con un propósito.

¿Qué sucede cuando estás esforzándote en un trabajo de oficina que no te gusta especialmente y que no tiene nada que ver con lo que te apasiona en la vida, como hacer excursiones y tu familia? En este caso, piensa en cómo está indirectamente relacionado con todo eso que te apasiona. Por ejemplo, puede que estés trabajando muchas horas y haciendo turnos extra porque eso te proporciona unos ingresos para tu próximo viaje a un parque natural. O tu trabajo puede aportar los fondos para la cuenta dedicada a la educación universitaria de tu hijo o para unas estupendas vacaciones familiares de Navidad. Recordar cómo tu trabajo te permite disfrutar de lo que te apasiona te ayudará a tener en cuenta la perspectiva general de las cosas. De esa forma volverás a apreciarlo en lugar de sentirlo como una carga.

Cuando ves las cosas con perspectiva, recuerdas por qué te importa tu trabajo. La consecuencia es que empiezas a *querer* hacer lo que estás haciendo en lugar de pensar que *tienes* que hacerlo. Es la diferencia entre lo que los psicólogos llaman motivación *intrínseca* (estar motivado desde dentro); por ejemplo, porque sabes que tendrá un impacto o porque te encanta hacerlo) y motivación *extrínseca* (estar motivado por razones externas, como que el jefe no te quita la vista de encima o que necesitas dinero para pagar las facturas).[53] La investigación ha demostrado que cuando la gente está motivada desde dentro, porque ama lo que hace (piensa en un futbolista al que le encanta el fútbol), lo hacen sin que haya que decirles nada ni presionarlos. Ir a trabajar se convierte en un privilegio y en un goce.

Cuando recuerdes por qué *quieres* hacer tu trabajo, no necesitarás autocontrol. En otras palabras, no necesitarás gastar energía porque no estarás ejerciendo el autocontrol.

Practica la gratitud

La investigación ha demostrado que sentir gratitud te ayuda a recuperar tu energía cuando estás realizando tareas extenuantes.[54] Digamos que no te gusta tu trabajo. A pesar de eso, hay muchas cosas por las que podrías sentir agradecimiento: tienes un trabajo mientras que muchas personas no lo tienen. Quizá te gusten algunos de tus compañeros. Tal vez te proporcione ventajas y beneficios. Berkman señala que la razón por la que la gratitud tenía un efecto tan reconstituyente es que sentirse agradecido incrementa las emociones positivas y además te ayuda a verlo todo con perspectiva.

Cuando no estés trabajando, olvídate del trabajo

Mucha gente se lleva el trabajo a casa cuando regresa por la noche o durante su tiempo libre. Debido a esto el estrés del día se extiende a las noches y a las vacaciones y nos quedamos sin tiempo para recuperarnos. Sabine Sonnentag, profesora de la Universidad de Mannheim, en Alemania, ha descubierto que quienes no saben desconectar del trabajo durante su tiempo libre experimentan una gran sensación de agotamiento durante todo el año y son menos resilientes en situaciones laborales estresantes.[55]

Sherron Lumley[56] es una productora de noticias que cubre la Casa Blanca y Capitol Hill y que se encarga de transmitir las noticias de última hora a un público internacional que ronda los cuarenta millones de personas. Aunque su vida profesional está basada en Washington DC, ella prefiere vivir en Oregón. Cuando se encarga de los acontecimientos de última hora en Washington DC, su trabajo es intenso. Sin embargo, al volver a casa, en Oregón, se desconecta de todo y de todos y disfruta de su familia, de hacer senderismo por las montañas, de montar en canoa o de restaurar su hogar de la época victoriana. No mira los mensajes hasta que está en el aeropuerto, justo antes de volver a la Costa Este. «El tiempo que paso en casa me recarga y me recuerda quién soy —me dijo—. Cuando regreso a Washington, soy capaz de manejar la presión y el ritmo sin perder la calma, haciendo que el equipo de noticias dé lo mejor de sí mismo».

Como ha descubierto que desconectarse mentalmente es especialmente difícil cuando la carga de trabajo y la presión del tiempo son elevadas,[57] Sonnentag subraya lo importante que es aprender a desconectar conscientemente del trabajo cuando este es muy exigente. Se ha dado cuenta de que la distancia mental es la senda más rápida a la recuperación y que esto lleva (sorprendentemente quizá) a un aumento de la productividad. «Según nuestra investigación, es bueno programar un tiempo para la recuperación y usar este tiempo de la manera más adecuada», asegura. Las actividades que la investigación de Sonnentag confirma que ayudan a desconectar son el ejercicio,[58] pasear por la naturaleza[59] y sumergirse por completo en una afición que no esté relacionada con el trabajo.[60] Reflexionar de manera positiva sobre el trabajo al finalizar la jornada laboral también te puede ayudar a recuperarte.

En nuestra cultura, tan ajetreada y agobiante, nos vemos obligados a emplear mejor el tiempo. Por esa razón abundan las aplicaciones, blogs y talleres relacionados con la gestión del tiempo. Creemos que si pudiéramos manejarlo mejor, lograríamos hacer más cosas y estaríamos más contentos. Sin embargo, el número de horas que tiene un día es limitado, por muy bien que estructuremos nuestro horario. Es preferible centrarse (y esto poca gente lo entiende) en manejar la energía.

¿Cómo empleas tu energía diariamente? La mayoría de las personas la gasta de manera innecesaria en emociones de alta intensidad, autocontrol y pensamientos contraproducentes. La mejor forma de manejar la energía es cultivar la calma. ¿El resultado? Menos estrés, una mente más lúcida y una mayor concentración para llevar a cabo tu trabajo. Realizas la misma cantidad de trabajo, pero permaneces equilibrado y disfrutas del proceso. Al ser capaz de pensar con mayor claridad, trabajas mucho mejor. Por supuesto, lo mejor de todo es que como no estás tan cansado, tus niveles de energía permanecen elevados. El resultado es que te sientes más feliz y tienes más éxito.

Capítulo 4

HAZ MÁS COSAS DEDICÁNDOTE MÁS A NO HACER NADA

EL SECRETO PARA ACCEDER A LA CREATIVIDAD

No subestimes el valor de «no hacer nada», de dedicarte sencillamente a caminar, prestando atención a esos sonidos que no puedes oír, sin que nada te perturbe.

El oso Pooh,
en *El librito de instrucciones*

Cuando Myron Scholes,[1] profesor emérito de la Facultad de Negocios de la Universidad de Stanford, recibió la llamada telefónica en la que le notificaron que había sido elegido para recibir el Premio Nobel de Economía, no estaba encerrado en su oficina resolviendo ecuaciones ni leyendo informes sobre alguna investigación. Se estaba preparando para pasar un día jugando al golf tras dar una breve charla durante un desayuno.

Muchos describen a Scholes como un verdadero genio. Es famoso por desarrollar teorías innovadoras y revolucionarias en el campo de la economía, entre ellas el modelo de fijación del precio de opciones

Black-Scholes, que ayudó a crear el mercado de derivados financieros y por el que recibió el Premio Nobel en 1997. Pero cuando le preguntas cómo se le ocurren esas ideas brillantes, atribuye su creatividad al tiempo que pasa *sin* trabajar, por ejemplo durante sus meditaciones y paseos diarios. Scholes contradice la típica imagen de un académico dedicado exclusivamente a un campo de estudio que no presta atención al resto de las cosas. Lee sobre un gran número de temáticas no relacionadas con su especialidad y siempre está dispuesto a comentar el último libro que ha leído. Es vivaracho, curioso y perspicaz, juvenil y dinámico por encima de su edad. Siempre que hablo con él me siento más ligera e inspirada.

¿Cómo lo hace? ¿Cuál es su secreto para ser tan productivo, agudo y alegre al mismo tiempo?

Tenemos la idea de que la gente que triunfa es la que está tan dedicada a lo que hace que se centra únicamente en su especialidad. Que intentan estar al día de cada libro, artículo, entrada de blog o estudio de investigación publicado en su área. Que piensan constantemente sobre su trabajo. Que se enfocan en él con una atención y concentración totales, pendientes de ponerle un palito a cada t y un puntito a cada i cuando se enfrentan a un problema o un asunto que necesiten resolver. En resumen, que están *concentrados*.

Es fácil entender por qué la mayoría de nosotros se ha dejado engañar por ese bulo de que para triunfar es fundamental centrar toda tu atención en un solo aspecto. Después de todo, la concentración, es decir, la capacidad de quedar completamente absorto en una tarea concentrándose con tal atención que se te olvida comer y dormir, es una cualidad muy valorada desde la escuela primaria («¡Presta atención! ¡Baja de las nubes!») y durante la vida laboral. Nuestra capacidad de centrarnos en la actividad que tenemos entre manos no solo se recompensa y se premia sino que es imprescindible para salir adelante y obtener buenos resultados; o al menos, eso es lo que nos han enseñado.

Malcolm Gladwell, autor del éxito de ventas *Outliers* [Fuera de serie], popularizó la idea de que cualquiera puede llegar a dominar a la perfección una técnica o un arte si le dedica diez mil horas de práctica concentrada. Aunque más tarde la investigación en la que se basa esta afirmación ha sido cuestionada,[2] es indudable que aun así la idea ha prendido en la imaginación popular. ¿Por qué? Porque encaja a la perfección con nuestra teoría de que todo lo que necesitamos para ser muy buenos en algo es centrar nuestra atención exclusivamente en ello. La práctica hace al maestro, ¿verdad?

Por supuesto, es innegable que la atención y la concentración son importantes: cuanto mejor te concentras, más rápido absorbes la información, ya se trate de aprender una habilidad técnica como un instrumento musical o un programa de *software* para el ordenador o una habilidad mental como la de sintetizar conceptos extraídos de numerosos artículos.

Creemos que lo contrario de la concentración (soñar despierto, divertirse, quedarse con la mente en blanco) es algo que debemos evitar. Peor aún, tener problemas para concentrarse se ve como un obstáculo que hay que superar y que es incluso patológico. Nos quejamos de tener un periodo reducido de atención. Los periódicos hablan incesantemente del trastorno de déficit de atención e hiperactividad. Los libros de autoayuda y los blogueros especializados en productividad se esfuerzan en mantenernos atentos a la tarea que estamos realizando con consejos y trucos. Cuando no logramos los resultados esperados, nos preguntamos si no será que sencillamente no nos esforzamos o concentramos lo suficiente. Si pudiéramos permanecer concentrados horas y horas sin parar mientras trabajamos en este proyecto, informe o exposición, conseguiríamos hacer mucho más.

Hemos aprendido a considerar que la concentración y estar constantemente *disponibles* es algo «bueno», mientras que la ociosidad (sobre todo si se prolonga demasiado) es «mala» e improductiva. Si pasamos mucho tiempo sin hacer nada, nos sentimos culpables. El dicho «la pereza es la madre de todos los vicios» refleja nuestra convicción de que no tener nada que hacer lleva inevitablemente a todo tipo de consecuencias negativas. El concepto de que no hacer nada es perjudicial está tan profundamente enraizado en nosotros que mucha gente (¡el 84% de los ejecutivos estadounidenses, por ejemplo!) cancela sus vacaciones para seguir trabajando.[3]

Al pensar así cometemos un error fundamental. A la gente verdaderamente exitosa, como Scholes, no se les ocurren ideas brillantes únicamente concentrándose; en realidad, tienen éxito porque dedican tiempo a *no concentrarse* y a participar en diversas actividades como jugar al golf. Como consecuencia de esto piensan de manera innovadora y son extraordinariamente creativos, desarrollan soluciones originales para los problemas y extraen conclusiones brillantes.

Dwight Eisenhower pasó más horas en el campo de golf que ningún otro presidente estadounidense; no obstante, también es considerado como uno de los mejores presidentes que ha tenido Estados Unidos.[4] Estableció una regla en el campo de golf: excepto en caso de emergencia, no se podía hablar de política. Explicando las razones de esta actitud a un posible candidato presidencial, le dijo: «Joven, déjeme decirle algo: usted va a trabajar para el gobierno durante catorce horas al día, siete días a la semana, y creerá que así está cumpliendo con su trabajo. Lo que quiero que sepa es que si hace eso, le será imposible realizar su trabajo».[5]

EL PODER DE LA CREATIVIDAD

Según una encuesta realizada en 2010 por IBM entre mas de mil quinientos directores generales distribuidos a lo largo de sesenta países y treinta y tres industrias, los directores generales creen que la creatividad es la habilidad más importante que se necesita para el complejo mundo actual de los negocios.[6] Los directores pusieron a la creatividad por delante incluso del rigor, la capacidad de dirección, la disciplina, la visión e incluso la integridad. Tanto si eres una azafata de vuelo tratando de conciliar la vida familiar con la laboral, un ingeniero informático desarrollando una nueva aplicación o una madre tratando de hacerle comer verduras a sus hijos, la creatividad es esencial para que lo consigas. La creatividad te ayuda a encontrar mejores maneras de realizar tu trabajo y desarrollar ideas originales que favorecen tu rendimiento.

Algunas de las personas más inventivas de nuestra sociedad declararon que sus ideas revolucionarias habían surgido mientras soñaban despiertas o realizaban tareas irrelevantes y mecánicas. En 1881, el famoso inventor Nikola Tesla cayó seriamente enfermo en un viaje a Budapest. Allí, un colega y amigo suyo, Anthony Szigeti, lo llevó a pasear para ayudarle a recuperarse. Cuando estaban contemplando el atardecer en uno de esos paseos, a Tesla se le ocurrió de repente la idea de los campos magnéticos rotatorios, que conduciría al desarrollo del mecanismo de la corriente eléctrica alterna que utilizamos en nuestros días.[7]

Del mismo modo, Friedrich August Kekulé, uno de los químicos orgánicos más renombrados de la Europa del siglo XIX, descubrió la estructura en forma de anillo del elemento químico orgánico benceno mientras fantaseaba sobre el famoso símbolo circular de la serpiente mordiéndose su propia cola. Es sabido que el compositor Ludwig van Beethoven decía que la música le llegaba sin que tuviera que hacer nada para ello: «Los tonos suenan, rugen y revolotean a mi alrededor hasta que los transcribo en notas musicales». Incluso Albert Einstein atribuía sus ideas a algo que va más allá del pensamiento lineal y la lógica. Recurría a la música (especialmente a Mozart) cuando estaba luchando con problemas complejos y necesitaba inspiración.[8] Se le atribuyen estas palabras: «Todos los grandes logros de la ciencia deben surgir del conocimiento intuitivo. Creo en la intuición y en la inspiración [...] La imaginación es más importante que el conocimiento».[9]

Más recientemente, Woody Allen afirmó que ducharse le ayudaba a «desbloquear ideas».[10] Y en su charla TED,* Elizabeth Gilbert, autora del éxito de ventas *Come, reza, ama*, describe esa especie de musa o genio creativo que parece descender inesperadamente sobre los escritores, compositores y poetas cuando están haciendo algo que no tiene relación con su arte.[11]

En una época en la que todo el mundo tiene una agenda apretada y está concentrado al máximo, se valora cada día más la creatividad: es la clave de tu eficacia y

---

* Las charlas TED son un evento global en donde se reúnen distintos emprendedores y pensadores que exponen y comparten las ideas innovadoras «que vale la pena difundir» (según su lema) y que están dando forma al futuro de la sociedad . TED significa tecnología, entretenimiento y diseño.

de tu éxito, en la vida y en los negocios, y puede ser una fuente interminable de alegría y felicidad.

CÓMO NO HACER NADA CONDUCE A LA CREATIVIDAD

La investigación demuestra que existen dos modalidades principales de pensamiento: el de concentración intensa en el presente para alcanzar los objetivos actuales y el de inactividad, en el que podemos fantasear, dejar que nuestra mente divague y generar ideas nuevas. Aunque prestamos muchísima atención al primero, en realidad, el secreto de la creatividad reside en el segundo.

En el capítulo 1, hablé de la importancia de estar presente en lo que estás haciendo, y de no divagar *durante* una actividad como el trabajo o las interacciones con otras personas. Sin embargo, en este capítulo hablo de la importancia de un tipo diferente de divagación: la divagación *intencionada*. Es decir, decidir no hacer nada durante cierto tiempo para dejar que la mente se disperse.

Scott Barry Kaufman, director científico del Instituto de la Imaginación de la Universidad de Pensilvania y autor de *Ungifted and Wired to Create* [No dotado y programado para crear], explica que estar ocioso y divagar constituye el estado ideal para generar pensamiento inventivo y nuevas perspectivas.[12]

Señala que los dos tipos de pensamiento, el lineal y el creativo, se alinean con diferentes circuitos neuronales del cerebro. El primero implica una concentración consciente en una actividad, mientras que el segundo (a veces llamado circuito predeterminado porque se activa cuando nos relajamos) genera pensamientos, fantasías, ensoñaciones y recuerdos que surgen cuando no estamos centrados en una tarea determinada. Lo ideal sería que pudiéramos pasar de uno a otro a voluntad según las circunstancias.

Otros estudios confirman esta idea. La investigación de Jonathan Schooler y sus colaboradores de la Universidad de California, en Santa Barbara, descubrió que somos más creativos tras pasar un tiempo fantaseando o divagando.[13] Se demostró que cuando la gente aprende una tarea difícil, la realiza mejor si primero trabaja en una tarea fácil para la que no haga falta concentrarse, dejando que su mente se distraiga, y luego regresa a la tarea difícil. Aquí nos encontramos una vez más con la idea de equilibrar ambos tipos de actividades (ocio y concentración) y pasar de una a otra para conseguir el mejor resultado.

Necesitamos encontrar el equilibrio entre concentración y descanso, porque si nuestras mentes están procesando información constantemente, quizá debido a nuestra agenda repleta de actividades y a las exigencias que nos impone la tecnología, nunca tendremos la oportunidad de dejar vagar los pensamientos y de que se suelte la imaginación. Si no dejamos descansar a la mente, esta no podrá dedicarse al tipo de actividad relajada que conduce a la inspiración creativa.

Un estudio realizado por Marieke Wieth y Rose Zacks confirma que el descanso es crucial para el pensamiento creativo.[14] Las investigadoras descubrieron que quienes funcionan mejor por las mañanas son más creativos por la noche, mientras que a las personas nocturnas se les ocurren las mejores ideas por la mañana. Puede sonar ilógico, pero también tiene sentido. La mente puede finalmente vagar cuando el cerebro entra en un modo relajado y somnoliento de ondas alfa.

Como es sabido, Salvador Dalí solía «dormir con una llave», es decir, dar una cabezada mientras sostenía una llave entre los dedos con un plato de metal debajo. Cuando se quedaba dormido, la llave caía al suelo y el sonido metálico le despertaba. Dalí creía que esos momentos entre la vigilia y el sueño (un estado llamado *hipnagogia*) estimulaban su creatividad.[15]

Estos estudios sugieren que nos volvemos más imaginativos y visionarios cuando reservamos un tiempo para nosotros mismos, dedicándonos a pasatiempos ociosos o sin una finalidad, a estar tranquilos en silencio o a divertirnos. Estas tres actividades nos ayudan a dejar vagar la mente tranquilamente sin tener que preocuparnos por ninguna obligación.

Quizá estés haciendo algo que no te exija muchos recursos intelectuales, como un paseo, pegar sellos o incluso fregar los platos, pero de hecho estás creando una paz interior y un espacio para pensar. Gracias a esto es posible que emerjan las ideas que necesitas.

«Las mejores ideas creativas no surgen de enfocarse continuamente en un problema cada día durante toda la semana —explicó Kaufaman—. Los directivos y los empleados tienen que entender que las soluciones creativas no van a brotar de su esfuerzo consciente por hallarlas. Nacen de la *integración* con más ideas y emociones que fluyen libremente y que se presentan durante el tiempo de ocio, cuando soñamos despiertos, recordamos o establecemos cualquier otro tipo de conexiones con nuestro propio mundo interno».[16]

POR QUÉ SE PERDIÓ TU CREATIVIDAD

A muchos es posible que les cueste alcanzar el estado de ociosidad descrito por Kaufman. Aunque *todos* disponemos de un potencial creativo con el que podemos contar, la mayoría sencillamente hemos olvidado cómo acceder a él porque nuestra educación y nuestro estilo de vida frenético le conceden una importancia excesiva al pensamiento lineal.

La educación asfixia la creatividad natural

Indudablemente, los niños son los miembros más creativos de nuestra sociedad. Transforman una sala de estar en una fortaleza, hacen participar a muñecos de peluche en guiones complejos en los que intervienen héroes y villanos y conversan con amigos imaginarios. Los niños pueden transformar cualquier situación (tanto si están sentados en una sala de espera como si van camino de la escuela) en una oportunidad para fantasear y jugar. Inventan juegos con cualquier cosa que tengan a mano: un río, un palo, una herramienta, un bolígrafo, una muñeca de papel o una pelota de goma. De hecho, a los niños se deben invenciones tan diversas como los polos, la cama elástica y las orejeras.[17]

Las ideas y los pensamientos de los niños fluyen libremente, sin que las restrinjan las exigencias a las que se someten los adultos. Por ejemplo, mientras esperan el autobús pueden jugar a que las ramas que se encuentran son espadas, imaginar que un montón de hojas es un reino o ver animales en la forma de las nubes, mientras que los adultos revisan sus correos, le dan vueltas a su lista de actividades, mandan un mensaje, recuerdan un incidente que ocurrió en el trabajo o planifican el día que tienen por delante. Como dijo Pablo Picasso: «Todos los niños son artistas. El problema es seguir siendo un artista cuando uno crece».[18] Si de niños todos tenemos la capacidad de ser maestros creativos, ese genio creativo debe de ser innato. En ese caso, ¿dónde está? Nuestra educación lo asfixió.

Nos alejamos de nuestra mente infantil ilimitada porque tanto la educación como la formación profesional le imponen restricciones, disciplina y rigor a nuestro pensamiento. Nuestras mentes aprenden a funcionar de un modo lineal y a razonar lógicamente; se trata de habilidades muy valiosas, por supuesto, pero frenan la creatividad cuando se exagera su importancia, con el coste de la imaginación y la inventiva.

La investigación resalta el impacto de la educación en nuestro pensamiento divergente (un término académico para referirse a la creatividad). El *pensamiento divergente* se refiere a la capacidad de encontrar diversas soluciones a un problema. Básicamente se trata de un flujo de conciencia del que surgen ideas. Puede que algunas de las soluciones que se te ocurran no te ayuden a resolver tu problema, pero, sin proponértelo, surgen ideas y conexiones inesperadas entre conceptos que podrían llevarte a una solución innovadora. Por otro lado, el pensamiento convergente es el proceso de llegar a una solución por medio del razonamiento lógico y lineal, a partir de lo que ya sabemos.

¿Qué nos enseñan en la escuela? El pensamiento convergente. George Land, autor de *Crecer o morir*, sugiere que este tipo de educación reduce radicalmente nuestra creatividad natural. Estudió a un grupo de mil seiscientos niños a lo largo de varios momentos de su vida usando unas pruebas de pensamiento divergente que había desarrollado para la NASA. Descubrió que entre los tres y los cinco años de edad, el 98% de los niños podían clasificarse como «genios del pensamiento divergente». Entre los ocho y los diez años, ese número descendía hasta el 32%. Entre los quince y los dieciocho, el número bajaba hasta el 10%. Cuando Land evaluó a un grupo de sujetos de veinticinco años, encontró que solo el 2% podía pensar de forma divergente. Llegó a la conclusión de que aunque la creatividad está presente de manera natural durante nuestra infancia, la desaprendemos por medio de nuestro sistema educativo.[19]

Aunque todavía no ha visto la luz el estudio de Land, otros estudios publicados y revisados por expertos que usan diferentes pruebas de creatividad, están llegando a resultados parecidos. En julio de 2010, la doctora Kyung Hee Kim, profesora de la Universidad William and Mary, impulsó un diálogo internacional sobre la «crisis de la creatividad» y la importancia de esta en la educación y los negocios cuando publicó algunas estadísticas alarmantes que mostraban su declive en la juventud actual. Señaló que la creatividad permanecía estática o declinaba tras el sexto curso y que desde 1990 se había producido un descenso constante en la puntuación en creatividad, mientras que había subido la puntuación del coeficiente intelectual (CI).[20] La conclusión a la que llegó Kim es que «la gente en general se está volviendo menos capaz de pensar creativamente, y es menos tolerante a la creatividad y a los individuos creativos. En especial, los niños más pequeños son menos capaces de pensar creativamente».

Curiosamente, Kim descubrió que la relación entre las pruebas de creatividad y el CI no era significativa.[21] En otras palabras, incluso si perfeccionamos las habilidades que nos ayudan a sacar una puntuación alta en una prueba de CI (las habilidades de pensamiento lineal que nos enseñan en la escuela, como la memoria y el razonamiento), esas habilidades no significan necesariamente que seamos capaces de desarrollar grandes ideas innovadoras. Por supuesto, el pensamiento lineal es una habilidad que todo el mundo necesita, pero no debería cultivarse a expensas de la creatividad, que también es fundamental para el éxito.

No hay tiempo para el pensamiento lineal

Además de las escuelas y los centros de trabajo, lugares en los que únicamente se valora el pensamiento lineal, en nuestras vidas hay tan poco espacio para el pensamiento no lineal que aunque los momentos ociosos presentan oportunidades para la creatividad, no solemos aprovecharlas.

Cuando no estamos centrados en los asuntos «importantes», como las exigencias de la profesión y de la vida familiar, se solicita constantemente nuestra atención. Estamos sobreestimulados (a menudo por un bombardeo constante de tecnología, que supone una carga muy pesada para nuestra atención. A consecuencia de esto, muchas personas se pasan el día entero *concentradas* en algo. A nuestro alrededor, todo el mundo (el jefe, los amigos, la familia) espera que estemos disponibles en cualquier momento por medio de nuestros dispositivos electrónicos. Las interrupciones provenientes de los diversos dispositivos que usamos (alertas de mensajes de texto, llamadas de móvil y chats) nos impiden dedicarnos tranquilamente a la contemplación.

Peor aún, nuestra mente se ha acostumbrado a revisar continuamente nuestros dispositivos y bandejas de texto. Este hábito está tan arraigado que llegamos a interrumpirnos a nosotros mismos. Te habrás dado cuenta de que con mucha frecuencia cierras automáticamente una ventana y abres otra para comprobar el correo. Para que surja el pensamiento no lineal hay que dedicar un tiempo a la ensoñación y a dejar que la mente vague, pero nuestras «alertas» internas para revisar innecesariamente el correo y el móvil terminan provocando un cortocircuito en este proceso. Mientras que antes podíamos soñar despiertos cuando nos dirigíamos al trabajo en un transporte público o hacíamos cola en el supermercado, ahora comprobamos compulsivamente los correos electrónicos «por si acaso» o miramos Facebook sin saber muy bien por qué. A consecuencia de esto, nos pasamos el día entero concentrados.

Es más, nuestras jornadas están repletas. Cada día crece más nuestra lista, y nuestras agendas están llenas de reuniones de trabajo y de otras actividades no laborales, desde ir al gimnasio hasta trabajar de voluntarios, pasando por ir al club de lectura y recoger a los niños de la guardería. Procuramos sacarle todo el jugo a cada hora del día, no queremos «perder» ni un segundo de nuestro precioso tiempo y tratamos de tachar todas y cada una de las actividades de nuestra lista.

Incluso cuando la agenda y las exigencias laborales y sociales nos dejan un hueco para la inactividad que favorece al pensamiento no lineal, el concepto de inactividad se ha vuelto tan ajeno a nosotros que nos sentimos aburridos o incómodos cuando lo afrontamos. Nos sentimos ansiosos o incluso angustiados cuando «no tenemos nada que hacer». De manera que volvemos a nuestros dispositivos y a nuestra tecnología o a entretenimientos como la televisión o los vídeos de Internet para ocupar ese tiempo de ociosidad en lugar de dedicarlo a reflexionar, relajarnos o fantasear. Tanto si estamos haciendo cola en el aeropuerto como si nos hallamos en la sala de espera del médico, nuestra tendencia es hojear una revista, mirar las pantallas de televisión que se encuentran en todas partes, hablar, mandar un mensaje por el móvil o navegar por Internet con nuestros dispositivos.

El profesor Timothy Wilson, de la Universidad de Virginia, empezó a notar la incomodidad de la gente al estar sola y decidió llevar a cabo varios estudios en 2014 para evaluar cómo nos sentimos cuando nos quedamos a solas con nuestros pensamientos.[22] Les dio a los participantes la opción de pasar de seis a quince minutos sin otra cosa que hacer que pensar o realizando una tarea rutinaria y aburrida. Descubrió que, en una abrumadora mayoría de los casos, la gente prefería realizar una tarea rutinaria a quedarse a solas pensando.

Todavía más revelador resulta un estudio en el que se dio a los participantes la opción de administrarse a sí mismos descargas eléctricas (si lo deseaban) durante la parte del experimento en la que se quedaban pensando. Los investigadores descubrieron que un gran número de personas (incluso quienes habían calificado la descarga eléctrica como muy desagradable y asegurado que pagarían por no volver a sentirla) ¡preferían aplicarse descargas antes que quedarse solas en una habitación y tener que hacer frente a sus pensamientos! En resumen, los investigadores concluyeron que «parece ser que la mayoría de las personas prefiere estar haciendo algo en lugar de nada, aunque ese algo sea negativo».

Esforzándose para ser lo más productivos posibles a base de estar concentrados y ocupados todo el día, no dejamos espacio para lo único que puede ayudarnos a tener éxito y ser de verdad productivos: el pensamiento no lineal y la creatividad.

En cambio, los genios saben que las ideas e invenciones dependen de que la mente pueda vagar sin verse restringida por la lógica. El proceso creativo requiere una apertura mental no recortada por la rigidez, los límites, las reglas u otras restricciones mentales. De manera que aunque creemos que el éxito surge de permanecer centrado y ser productivo constantemente sin perder un minuto, la verdad es que depende en gran parte de tener la atención dispersa en lugar de concentrada, de relajarse en lugar de trabajar y de encontrar tiempo para no hacer nada, abriendo en nuestras vidas el espacio que el cerebro necesita para el proceso creativo.

¿Cómo lo hacemos?

LOS TRES CAMINOS DE LA INACTIVIDAD CREATIVA

Permitir deliberadamente que la mente vague sin centrarse en nada es algo que nos cuesta mucho a la mayoría de las personas porque incluso cuando tenemos tiempo libre, nos resulta muy difícil dejar de pensar en el trabajo, en las preocupaciones, etc. Algunos creen que si se recrean en esa inactividad, se volverán perezosos. O piensan que podría ser un obstáculo para «conseguir resultados». Estamos tan acostumbrados al pensamiento lineal que, cuando disponemos de tiempo para estar solos, aprovechamos para sacar la lista de tareas por hacer, escribir la lista de la compra o planificar cualquier otra cosa. Alcanzar un estado mental que no esté caracterizado por una actividad «productiva» constante puede ser difícil cuando somos adultos, a pesar de la facilidad con la que lo lográbamos durante la infancia. En esencia, tenemos que volver a aprender a estar ociosos.

Hablando desde un punto de vista práctico, hay tres maneras de acceder a nuestro potencial para la creatividad: aprender a dispersar la atención mediante la diversificación, dedicar un tiempo a la tranquilidad y el silencio y volver a introducir la diversión en nuestras vidas.

Dispersar la atención mediante la diversificación

Los expertos sugieren que la clave para estar ocioso en lugar de concentrado es diversificar nuestras actividades en lugar de estar siempre centrados en una sola. En realidad, para ver algo con una nueva perspectiva, necesitamos tomar distancia. Podemos diversificar de dos maneras: por medio de tareas rutinarias o por medio de un conjunto más amplio de experiencias.

Diversificar por medio de tareas rutinarias

Kaufman recomienda que cuando estemos trabajando en una tarea o en asimilar información, hagamos descansos de quince minutos para realizar otra actividad que exija menos atención y concentración: ducharse, dar un paseo rápido (sin mirar el móvil) o hacer estiramientos. «Al dedicar ese periodo de quince minutos a dejar vagar la mente o a fantasear, tu atención se amplía y ahora tu mente es capaz de establecer conexiones más creativas entre ideas. Esto no puede producirse cuando permaneces excesivamente concentrado en un problema», explica.[23]

Caminar parece estimular de una manera especial la creatividad. En un estudio titulado adecuadamente *Give Your Ideas Some Legs* [Haz caminar a tus ideas],[24] los investigadores descubrieron que, durante los paseos e inmediatamente después, la gente sacaba una puntuación más alta en diversas pruebas de creatividad.

Kaufman aclara que no deberíamos dejar por completo de centrarnos en el problema en el que estamos trabajando o en la solución que buscamos; lo que hace es animarnos a dejar espacio *entre periodos de atención concentrada* para permitir que vague la mente sin centrarse en nada. Después de todo, las ideas tienen más probabilidades de surgir en una mente preparada. Nos explica que, tradicionalmente, los investigadores de la creatividad han enseñado que la resolución creativa de problemas consta de tres fases:

- Maestría, en la que aprendes la información y mejoras tus habilidades.
- Inspiración, en la que te dedicas a realizar una tarea que no exija concentración o disfrutas de tu tiempo de ocio.
- Refinamiento, en la que vuelves a concentrarte en el problema y a utilizar el pensamiento lineal para perfeccionar la solución.

Por ejemplo, mientras escribía este capítulo, la maestría me ayudó a sumergirme en la ciencia de la creatividad, hablar con expertos en el área y entrevistar a individuos altamente creativos. La inspiración me llegó en las excursiones que realicé. Durante esos momentos, surgieron sin ningún esfuerzo la lógica, la corriente y la secuencia del texto de este capítulo. El refinamiento consistió en editar cuidadosamente el capítulo para que resultara lo más claro posible.

Los expertos en administración Kimberly Elsbach y Andrew Hargadon, de la Universidad de California en Davis, sugieren que, para desarrollar la creatividad al máximo, deberías organizar tu horario de trabajo de manera que alterne tareas que exigen una concentración elevada con otras en las que apenas sea necesario concentrarse.[25] Concédete y concédeles a quienes te rodean más espacio para respirar, dividiendo tu trabajo en diversas tareas que alternen las actividades de baja concentración (copiar cifras, mejorar el formato de un informe, limpiar tu escritorio) con otras de alta concentración (escribir un artículo, preparar la exposición de un tema usando PowerPoint, dirigir una reunión).

Adam Gran, profesor de Wharton, nos advierte que no debemos confundir actividades que son menos exigentes intelectualmente con actividades «ociosas».[26] Por ejemplo, aunque creamos que mirar Facebook y leer una revista son actividades que suponen un descanso para nuestro cerebro y nos permiten entrar en un «estado de indolencia», en realidad requieren mucha concentración. «Lo que debemos conseguir es que nuestra atención se centre solo parcialmente —nos explica—. Por ejemplo, en el caso de un oficinista, si puede dedicar al menos una parte de su día a descargar datos en una hoja de cálculo, o alguna otra tarea por el estilo, esta actividad le hará entrar en un ritmo y una rutina, en la que está solo parcialmente concentrado, que hará más probable que luego piense con mayor claridad y de forma más innovadora».[27]

Hacer algo aburrido para pensar más creativamente parece ilógico, pero funciona. Cuando la mente está parcialmente ocupada en algo, esto no supone una gran carga para sus recursos. Goza de la suficiente libertad para forjar conexiones inesperadas y misteriosas y permitir que surjan ideas originales.

Diversificar ampliando tus horizontes

Diversificar también puede significar ampliar ligeramente tus horizontes, tanto los intelectuales como los de la experiencia. Según Kaufman, cualquier cosa que trastoque nuestras expectativas de cómo funciona el mundo puede estimular tu creatividad. Por ejemplo, pasar un semestre estudiando en el extranjero estimula la creatividad. ¿Por qué? Porque se viven nuevas experiencias que alteran el curso habitual del estilo de vida y muestran una perspectiva diferente que aporta una mayor flexibilidad mental o creatividad.

Myron Scholes, con cuya historia iniciamos este capítulo, cree ardientemente en la diversificación.[28] Aunque es economista, no se pasa día y noche trabajando en problemas matemáticos y en análisis de mercado. Al leer sobre una amplia variedad de temas no relacionados con su campo académico, es capaz de aplicar principios de otras disciplinas, como la psicología, la filosofía y la historia, a sus análisis innovadores sobre el comportamiento humano. Su secreto es que no se centra excesivamente en un problema ni se limita al estudio de un área académica, sino que por el contrario dedica tiempo a aprender sobre otros campos y a realizar actividades que no tienen nada que ver con su profesión: «No puedes dispersarte demasiado, pero es fundamental que diversifiques tus intereses. Por supuesto, si te diversificas por completo, no consigues nada. Pero si estás siempre concentrado, no tendrás ninguna libertad –explica–. Necesitas un poco de concentración y un poco de diversificación».

Las ideas de Scholes de que necesitamos concentración y diversificación podrían explicar el fascinante mecanismo que subyace tras Innocentive, una plataforma de *crowdsourcing*.* Recurriendo a la participación colectiva, Innocentive busca soluciones geniales a los complejos desafíos remitidos por las empresas de investigación y desarrollo, desafíos que van desde crear accesorios de automóviles para mejorar la sensación que sentimos al conducir (un reto propuesto por la empresa Ford) hasta técnicas para desarrollar «autosuficiencia con respecto a la Tierra», con las cuales los seres humanos seamos capaces de sobrevivir en el espacio durante

---

* Se podría traducir como colaboración abierta distribuida o externalización abierta de tareas, y consiste en externalizar tareas que, tradicionalmente, realizaban empleados o contratistas, dejándolas a cargo de un grupo numeroso de personas o de una comunidad, a través de una convocatoria abierta.

periodos más largos de tiempo (un desafío propuesto por la NASA). Cualquiera puede enviar una solución. Cada reto tiene un precio. El ganador puede recibir una compensación económica que va desde los diez mil dólares hasta el millón de dólares.

Un estudio de investigación de la Universidad de Harvard dirigido por Karim Lakhani estableció que había una mayor probabilidad de que alguien que resolviera un problema enviara esta solución a Innocentive si esa persona *no* era un experto en ese campo particular, sino en otro que guardara una relación mínima con ese campo o no tenía nada que ver con él.[29] «Cuanto más lejos está el problema del área en la que eres experto, más probabilidades tienes de solucionarlo», declaró Lakhani al *New York Times*.[30] En su estudio, Lakhani y su equipo citan el ejemplo de una experta en cristalografía de las proteínas que logró solucionar un problema de toxicología que los toxicólogos no conseguían resolver. ¿Por qué? Porque los métodos que usó (que los toxicólogos desconocían) eran adecuados para encontrar la solución al problema. De hecho, hay un 1% más de probabilidades de que alguien solucione un problema si su especialidad no guarda ninguna relación con el área del saber a la que corresponde el problema.

Dedicar un tiempo a la quietud y el silencio

Teniendo en cuenta el ajetreo de la vida moderna, podemos considerar la quietud y el silencio como otras experiencias «diversificadoras». En lugar de estar en movimiento y corriendo de un lado a otro, permanecemos quietos. En lugar de hacer algo, no hacemos nada. En lugar de concentrarnos en las cosas, nos desconectamos por completo. La meditación es un claro ejemplo de cultivar la quietud o el silencio

Pico Iyer,[31] famoso novelista y periodista del *New York Times* y la revista *Time* cuya conferencia TED han visto más de dos millones de personas, cree que es más creativo cuando dedica un tiempo en su vida a la quietud y la introspección, y que solo cuando está en calma puede emocionarse de verdad. Incluso ha escrito un libro sobre el tema titulado *The Art of Stillness* [El arte de la quietud].

«La profundidad de mi escritura es directamente proporcional a la profundidad de mi silencio —me comentó—. Cuando escribo artículos llenos de información rápida, los lectores responden ofreciéndome más información rápida: disfrutan haciéndolo y enseguida se olvidan de todo. Cuando escribo "serenamente" de una manera que es más calmada y contemplativa, los lectores también se vuelven más calmados y contemplativos y las palabras y frases tienen espacio para resonar». Con objeto de dejar conscientemente un espacio para la quietud en su vida y en su trabajo, Iyer ha ido ochenta veces durante los últimos veinticuatro años a una ermita benedictina. «No soy especialmente religioso. No practico ninguna meditación religiosa formal; lo que necesito es calma, silencio y espacio».

La investigación nos aclara por qué el silencio es algo tan poderoso y cómo ayuda a Iyer a acceder a su creatividad innata. En 2006, Luciano Bernardi estaba estudiando el impacto de la música sobre la fisiología.[32] Para su sorpresa, descubrió que no solo la música afectaba a la fisiología de los participantes (la música más lenta reducía la frecuencia cardiaca, la presión arterial y la respiración), sino también los momentos de silencio —que él solo había incluido como medida de comparación—.

De hecho, Bernardi descubrió que los periodos de silencio insertados entre la música eran mucho más relajantes que las bandas sonoras diseñadas para inducir relajación o que los periodos de silencio sin música entre ellos. Fisiológicamente, tomarse un «descanso silencioso» tenía el efecto relajante y calmante más profundo. Otros estudios han descubierto que ese silencio, a pesar de estar vacío de contenido, puede ayudar a desarrollar nuevas neuronas.[33]

Puede sorprendernos que el silencio, como la actividad, ayude a desarrollar nuestros cerebros; sin embargo, Iyer ha descubierto que apartarse del bullicio de la sociedad es fundamental para pensar de manera original (y recordar lo que de verdad le importa). Las diversas exigencias a las que nos vemos sometidos, que nos roban el tiempo de inactividad que necesitamos para ser creativos (la expectativa de estar disponibles en todo momento y las interrupciones provocadas por los múltiples dispositivos tecnológicos que usamos diariamente), no van a desaparecer. Para Iyer, la solución no consiste en modificar esas exigencias (cosa que, de todas formas, la mayoría no podemos hacer) sino en cambiar la relación que tenemos con ellas, un proceso fundamentalmente interno. «Podemos elegir salirnos de ese Times Square permanente que bulle dentro de nuestra cabeza. La mayoría de la gente se da cuenta de que se está ahogando en él. Y trata de encontrar una manera de volver a la tranquilidad: haciendo excursiones, navegando, meditando, poniéndose a dieta de Internet», explica.

Cree que su mejor obra surge cuando puede escuchar algo más profundo que el mundanal ruido. «Cuando apenas hay separación entre ti y ese gran lienzo que es nuestro mundo y nuestra vida (al igual que cuando estás demasiado cerca de un cuadro), no puedes percibir las imágenes en su conjunto, su significado —señala—. Cuando me voy al monasterio, en Big Sur, paso mucho tiempo sin hacer nada, dando paseos, tumbado en la cama, y estoy totalmente convencido de que solo en ese espacio se me ocurrirá algo fresco y más interesante que mis ideas de todos los días».

La tranquilidad también le permite salirse del tiempo que marcan los relojes y entrar en uno en el que las horas parecen extenderse, lo cual tiene una enorme importancia para su trabajo de escritor: «Tan pronto como estoy en ese estado de quietud, puedo escuchar mi voz más profunda, todo lo que se vuelve inaudible cuando estoy en movimiento constante».

Sin embargo, los escritores como Iyer no son los únicos que se benefician de la quietud para acceder a su creatividad innata. No esperarías que un científico, un economista o un matemático expertos recurrieran a la calma para desarrollar su creatividad. Pero eso es justo lo que hace Scholes con sus ejercicios diarios de respiración y meditación, además de pasear por la naturaleza y jugar al golf. Atribuye gran parte de su éxito creativo al hecho de generar quietud alrededor de los problemas con los que se enfrenta, lo que hace posible que sin hacer el menor esfuerzo surjan nuevas perspectivas. «Esto le permite a tu mente recopilar información adicional y desafiar tu propia metodología —explica—. Te proporciona la capacidad de ver otras perspectivas, dejar que las ideas se abran paso, cuestionarte tu manera de ver la realidad, recabar más información. Entiendes cómo pueden encajar las cosas que no están conectadas entre sí».

Para descubrir nuevas maneras de ver las cosas o nuevas formas de hacer algo, necesitamos dejar que las ideas se abran paso, como dice Scholes. Una manera estupenda de favorecer este proceso creativo es pasar unos momentos tranquilos sin que nos moleste ninguna clase de estímulos, información o distracciones.

Por supuesto, el silencio puede resultar incómodo. Cuando la mente vaga sin rumbo fijo, pueden surgir pensamientos y sentimientos que no siempre son agradables. Estar solo, desocupado o en silencio puede abrir la puerta a pensamientos indeseables o incluso a la ansiedad. Tal vez incluso te sientas «atrapado» por ellos ya que la mente tiende a centrarse en lo negativo. Sin embargo, si eres capaz de seguir sentado o caminando (si tu práctica silenciosa es una excursión o un paseo) mientras esos pensamientos están ahí, verás que llega un momento en que desaparecen, dejando espacio para pensamientos y fantasías que fluyen libremente. Como cualquier ejercicio, este tiempo de inactividad se volverá más natural y divertido cuanto más lo practiques.

Volver a introducir la diversión (y la felicidad) en tu vida

Una de las cualidades más cautivadoras de Scholes e Iyer es que apenas se toman en serio a sí mismos. Ambos sonríen a menudo y tienen un gran sentido del humor. Hay una cualidad aniñada (que no infantil) y juguetona en su curiosidad y su entusiasmo. Esto no debería sorprendernos. Otra manera de entrar en contacto con nuestra creatividad innata es divirtiéndonos.

Llenar el tiempo de ocio con juegos y diversión es una parte natural de la vida de los niños. Sin embargo, aunque dedicarse a actividades lúdicas para disfrutar es natural en el reino animal (cualquiera que tenga una mascota puede comprobarlo), es algo que los seres humanos olvidamos por completo al llegar a la edad adulta.

Somos los únicos mamíferos que no dedican un tiempo a jugar, como no sea en contextos altamente estructurados como el partido de fútbol del domingo con los vecinos o los momentos en que jugamos con nuestros hijos.

Cuando estamos inmersos en las responsabilidades de la vida, la seriedad de los problemas mundiales y una lista de tareas por hacer que crece continuamente, nos olvidamos de jugar, creemos que no tenemos tiempo para eso o de alguna manera pensamos que ya no es apropiado.

En Stanford, ayudé a crear el primer curso de psicología de la felicidad y dirigí una sesión sobre la ciencia del juego. Decidí ilustrar el efecto que jugar tiene sobre nuestras emociones presentando un juego de la escuela primaria. Nos pusimos de pie en círculo y a quien le tocaba tenía que quedarse en el centro. Los participantes debían guiñarse unos a otros para intercambiarse sus puestos en el círculo. Mientras ellos corrían de un lado a otro para cambiar de puesto, el que estaba en el centro tenía que tratar de adelantarse y ocupar uno de ellos. Aunque al principio los estudiantes se miraban entre sí un poco inhibidos, pronto se metieron de lleno en el juego entusiasmados y empezaron las risas.

Cuando, al final del juego, les pregunté qué les había parecido, los estudiantes mencionaron «sentirse feliz», «olvidar las preocupaciones» y «sumergirse completamente en el momento». Una estudiante, riéndose de alegría por el juego, dijo: «Creía que ya no volveríamos a jugar nunca más». Tenía diecisiete años.

En Stanford, muchos estudiantes tienen metas académicas que les hacen sentir como un hámster en su rueda, siempre en movimiento y ansiosos por tener éxito. De ahí que dejen a un lado las actividades lúdicas. Cuando llegamos a la edad adulta, nos apartamos de esta clase de actividades al considerarlas una pérdida de tiempo frívola e infantil. Sin embargo, tienen un tremendo potencial para estimular nuestra creatividad y nuestra capacidad de pensar de forma innovadora, ¡por no mencionar nuestro bienestar! Después de todo, la raíz de la palabra *recreación* es *re-crear*, es decir, renovarnos por medio de alguna diversión.[34]

Albert Einstein dijo: «Para estimular la creatividad, uno debe desarrollar una inclinación infantil por el juego». Aunque los adultos hayamos perdido la habilidad de jugar con la inocencia de un niño, podemos recobrarla fácilmente. En un estudio, los participantes, que eran estudiantes universitarios, fueron divididos en dos grupos antes de realizar una tarea creativa.[35] A los de un grupo se les dijo que imaginaran que no tenían clase y que escribieran una lista con lo que harían en su día libre. A los participantes del otro grupo se les pidió que imaginaran que tenían siete años. A este último grupo se le ocurrieron ejemplos mucho más creativos. Este estudio demuestra que nuestro potencial creativo no está tan asfixiado como pensamos. Se puede acceder a él fácilmente solo con usar nuestra..., bueno, nuestra imaginación.

Las empresas creativas de una amplia gama de industrias, desde la tecnología hasta la ropa, son conscientes de la importancia de jugar para la creatividad de los empleados. Las oficinas de Google de todo el mundo están construidas para favorecer la creatividad lúdica. En la de Zúrich, por ejemplo, en lugar de ir andando a los sitios, puedes bajar por un poste de bomberos o usar un tobogán para ir de piso a piso. Facebook ofrece instalaciones para crear mezclas de música como si fueras un disyóquey, junto con billares, además de otros juegos. La firma de ropa alternativa Comvert, de Milán (Italia), convirtió un viejo teatro en un espacio de oficinas y transformó la antigua sala donde se sentaba el público en una pista de monopatín para los empleados.[36]

El juego tiene un impacto positivo en la creatividad porque, además de ayudarnos a diversificar actividades y a despejar la mente, estimula las emociones positivas, algo que la investigación ha demostrado que conduce a una mayor claridad mental y a mayor capacidad para solucionar problemas. Barbara Fredrickson, de la Universidad de Carolina del Norte, en Chapel Hill, descubrió que las emociones positivas incrementan nuestros recursos cognitivos al expandir nuestra atención visual.[37] Cuando nos sentimos bien, nos volvemos capaces de prestar atención a un mayor número de experiencias. Vemos la perspectiva general de las cosas en lugar de perdernos en los detalles. Dicho de otro modo, si te sientes estancado, no logras resolver un problema o no ves la salida de una situación, jugar puede ser una manera de salir, de «desbloquearte» y abrirte a ideas innovadoras.

Lolly Daskal es una *coach* que asesora a empresas de Fortune 500.[38] En una ocasión fue contratada para una sesión de estrategia: ayudar a un equipo de liderazgo mundial a descubrir la misión, visión y valores de su empresa. Daskal realizó las gestiones necesarias para sacarlos de los confines de sus despachos y celebrar la sesión de estrategia en un lugar precioso en el que abundaban las ventanas y vistas de la naturaleza. La idea era estimular su imaginación creativa. Pero, a pesar de la nueva ubicación, el debate resultaba difícil, nada creativo y extremadamente lineal. El equipo se sentía estancado. Daskal observó que hablaban en círculos sin llegar a una solución. Entonces fue cuando decidió que había que despejar la atmósfera. Les pidió que dejaran de trabajar, que dejaran de pensar y que dejaran de intentar encontrar una solución.

Se los llevó al exterior, donde había establecido áreas en las que se podía jugar a diferentes juegos. En una de ellas había dardos, en otra bolsitas de semillas y en otra una pelota de *softball* y raquetas de bádminton. Les pidió que eligieran compañeros de juego y que se divirtieran. Todos agradecieron la distracción, y al poco tiempo ya estaban disfrutando. Podías sentir el buen humor en la manera en que se trataban unos a otros y la alegría de haberse liberado de la seriedad de ese día.

Tras aproximadamente una hora, los llamó para que volvieran a la sala, y regresaron repletos de energía. No solo se sentían más relajados, sino que estaban listos para volver al trabajo. Esta vez, cuando Daskal les preguntó: «¿Cuál es el propósito de esta empresa?», hubo muchísimas respuestas y todo el mundo estaba entusiasmado y deseoso de participar. El problema se resolvió rápida y fácilmente. Al dejarlos disfrutar y divertirse jugando, les ayudó a encontrar la solución.

Del mismo modo que la alegría y la diversión pueden hacerte más creativo, a su vez la creatividad realza el bienestar. Cuanto más creativo te vuelves, más alegría invitas a tu vida. Nikola Tesla escribió: «No creo que haya nada tan emocionante para un corazón humano como lo que siente el inventor cuando ve desarrollarse con éxito alguna creación de su mente [...] Esta clase de emociones hacen que un hombre se olvide de la comida, el sueño, los amigos, el amor, todo». Al utilizar tu creatividad innata de manera espontánea, vuelves a conectar con la alegría que tenías cuando jugabas de niño. Entras en un bucle de retroalimentación positiva que sigue reabasteciéndote de alegría y creatividad. Eso ayuda a tener una vida adulta rica en gozo e inventiva.

La investigación señala a lo siguiente: el secreto de una creatividad innovadora es la felicidad. Asegúrate de tener un tiempo de ocio, pero disfrútalo. Trátalo como un tiempo libre, un tiempo para ti, para relajarte y divertirte. No caigas en la tentación de intentar sacarle partido inmediatamente. Después de todo, si te dedicas a una actividad espontánea esperando que de ella surjan ideas brillantes, la estás convirtiendo en una actividad deliberada, con lo que, al terminarla, tu mente vuelve al estado de concentración y expectación ansiosa. Por ejemplo, no vuelvas de pasear tu perro pensando: «Dios, en este paseo no me ha surgido ninguna idea creativa sobre cómo mejorar mi exposición, y he perdido la oportunidad de llamar al banco para protestar por el cargo que me hicieron».

Quizá descubras que las ideas creativas te surgen en algunas ocasiones, y en otras no. De cualquier modo, este periodo de integración y relajación te beneficiará más profundamente de lo que imaginas.

DEDICA UN TIEMPO A NO HACER NADA

Aunque pienses que no tienes tiempo para no hacer nada o para emplearlo en lo primero que se te ocurra, la verdad es que todos tenemos tiempo. Y para eso tampoco hace falta siempre que alteres tu agenda. A veces se trata solo de cómo te panificas. Aquí tienes varios ejemplos de cómo puedes diversificar tus actividades, dedicar un tiempo a la quietud y al silencio y disfrutar de actividades divertidas.

Diversifica tus actividades

- Como señala Adam Grant, tratamos de llenar cada momento de ocio con alguna actividad que exija concentración.[39] En un descanso del trabajo, puedes mirar las noticias por Internet, leer los últimos chismes sobre los famosos, revisar las redes sociales, leer tus blogs favoritos o enviar algún mensaje de texto. En lugar de eso, elige una actividad en la que no haya que concentrarse tanto, como hacer estiramientos, escuchar música, dar un paseo rápido o limpiar el escritorio.

- En el trabajo, organiza tus tareas para que puedas alternar actividades que exigen mucha concentración (por ejemplo, escribir una propuesta) con otras que te exijan menos a nivel intelectual (como introducir datos). Sea cual sea tu profesión, podrás identificar las tareas que son más o menos difíciles.

- Si tu trabajo es principalmente intelectual, podrías aprender algunas habilidades prácticas para salir de tu cabeza: a cambiar el aceite del coche, a cocinar comida tailandesa, a tocar un instrumento o a dar un masaje. Si tu trabajo es más práctico, o más orientado hacia la gente, la diversificación puede consistir en estudiar otra lengua, aprender a jugar al ajedrez o leer poesía.

- Procura expandir tus áreas de interés. ¿Normalmente lees libros o blogs sobre tu especialidad? Si es así, trata de leer algo totalmente diferente: libros divertidos, clásicos o revistas de interés general. Mira programas de televisión o documentales que no tengan nada que ver con aquello a lo que te dedicas principalmente. Si te gustan las actividades sociales, únete a grupos de Meetup centrados en actividades que nunca antes hayas probado, como *acro yoga* o ciclismo. ¿Sueles ser sedentario y pasar la mayor parte del tiempo en tu oficina y en el coche? Decídete a hacer ejercicio al aire libre en lugar de pasar el tiempo dentro de un gimnasio, nada, haz excursiones, esquía...

Dedica un tiempo a la quietud y al silencio

- A veces, para desconectar necesitamos un entorno estructurado. Puedes asistir a un retiro; hay muchos de meditación, bienestar, yoga y senderismo. Empieza poco a poco si es la primera vez. Prueba un taller de un día o un fin de semana de duración.
- Si los retiros o la meditación no son para ti, puedes encontrar el silencio a tu manera. Una oportunidad para la quietud que todos tenemos a nuestro alrededor es la naturaleza. Tanto si vives en el centro de una ciudad como en las afueras, puedes tomarte un descanso del trabajo y darte un pequeño paseo. Incluso en la ciudad más poblada hay zonas verdes con sus árboles y sus plantas con aves e insectos revoloteando. La naturaleza nos rodea aunque con frecuencia nos olvidamos de tenerla en cuenta. Cuando salgas a

pasear, fíjate en los árboles y en el cielo en lugar de mirar el whatsapp. De hecho, lo mejor es que no te lleves el móvil.

- La meditación es una actividad silenciosa. Hay muchas formas de meditación; algunas de ellas conllevan mucha atención y concentración. Si tu vida y tu profesión ya de por sí te exigen una gran concentración, quizá te venga mejor optar por una meditación no concentrada. La meditación de conciencia abierta y *sahaj samadhi* son ejemplos de meditación que no exige una concentración intensa. Escoge aquella con la que te sientas bien. Hoy en día muchos centros de trabajo entienden los beneficios de este tipo de actividad y ofrecen clases de meditación o yoga a las que puedes asistir fácilmente.
- Puedes introducir un tiempo de silencio en las actividades rutinarias. En lugar de escuchar la radio mientras conduces hacia el trabajo, elige el silencio, come sin tener el ordenador encendido frente a ti, dobla la ropa sin mirar la televisión ni hacer una llamada de teléfono al mismo tiempo.

Disfruta de actividades divertidas

- Recuerda lo que te hace reír, ya sea ir a una comedia, ver películas cómicas o escuchar chistes. Podrías incluso unirte a un grupo de yoga de la risa, talleres dedicados a reír.

- Únete a un equipo deportivo (se trata de una actividad estructurada, sí, ¡pero es mejor que nada!) o asiste a una clase de ejercicio divertido como baile en barra americana, cama elástica o trapecio.
- Participa en juegos que te diviertan. Podrían ser juegos de mesa, cartas, crucigramas o dardos. Quizá te guste montar modelos de aviones o construir con piezas de Lego. Plantéate comprar una mesa de *ping-pong* o de billar... y ten cuidado de no convertir esa mesa en otro lugar para competir y concentrarse al máximo.
- Encuentra un compañero de juegos. Los animales y los niños siempre están listos para jugar y divertirse. Encuentra oportunidades para jugar con tus hijos y tus mascotas o los de los amigos y la familia.

Encontrar tiempo para dedicarlo a estas actividades puede parecer imposible, teniendo en cuenta lo ocupado que estás. Comprende que si quieres hacerlo, quizá tengas que sacrificar algo a cambio. Por ejemplo, es posible que no te dé tiempo a completar tu lista de tareas por hacer; tal vez tengas que decir que no a quienes exigen que estés disponible en todo momento. Pero las ventajas que obtendrás para tu éxito profesional y personal son enormes y lo merecen de sobra.

La creatividad y el éxito que esta produce no surgen de estar completamente concentrados en actividades con un «propósito». Surgen de la ociosidad, la diversión, la quietud, la calma y la relajación. Puede parecer ilógico que dar un paseo, relajarse en el porche, leer una novela en lugar de un artículo relacionado con tu área de especialidad o hacer algo divertido como jugar al golf pueda ayudarte a desarrollar mejores ideas y a encontrar soluciones creativas para los problemas. Sin embargo, cuando te dedicas a estos actos de autocuidado y gozo es cuando es más probable que se te ocurran las mejores ideas. Los niveles elevados de bienestar psicológico que obtienes al estar ocioso, diversificar tus actividades y encontrar tiempo para el silencio y el juego pueden contribuir enormemente a tu éxito.

Capítulo 5

DISFRUTA DE UNA RELACIÓN EXCELENTE... CONTIGO MISMO

LA FORMA EN QUE TE TRATAS A TI MISMO INFLUYE EN TU POTENCIAL

Cuando me desprendo de lo que soy,
me convierto en lo que podría ser.

Lao Tzu

Mi amiga Laura parecía tenerlo todo: era rubia, bella, atlética, radiante y brillante; era una de esas raras estudiantes de Yale que sacan solo sobresalientes. Parecía la personificación del éxito. En un entorno académico de estudiantes brillantes, estaba muy por encima de todos los demás.

A pesar de todos sus logros, a los dos años de entrar en la universidad, abandonó la carrera. Tenía las aptitudes y la motivación para obtener resultados extraordinarios en Yale, pero la manera en que se veía a sí misma se convirtió en un obstáculo para su éxito. Siempre había sido una estudiante de sobresalientes, así eran las cosas desde que tenía uso de razón. Creía que debía ser perfecta y le tenía un miedo inmenso al fracaso, de manera que solo se matriculaba en aquellas materias en las que sabía que podía obtener buenas notas. Cuando los resultados no eran tan buenos o le costaba alcanzar la máxima puntuación en todas las asignaturas (como tenía que suceder tarde o temprano en la universidad), era muy dura consigo misma para motivarse a esforzarse más y seguir centrada. Impulsada por estas creencias, Laura conseguía notas excelentes y se sentía tremendamente desgraciada, las dos cosas. «Me criticaba a mí misma y me sentía siempre abatida», recuerda. Terminó sufriendo tales niveles de depresión y ansiedad que tuvo que dejar su carrera universitaria.

¿Qué es lo que distingue a quienes se crecen ante las dificultades de la vida y los problemas profesionales de aquellos que se desmoralizan? La relación que tienen consigo mismos. Especialmente lo que creen sobre sí mismos y la manera en que se tratan.

La verdad es que, cuando intentamos alcanzar el éxito, la mayoría de las personas no nos tratamos bien. Nos han enseñado que para triunfar *tenemos que explotar nuestros puntos fuertes*, de manera que es mejor descubrir lo que se nos da bien de nacimiento y ceñirnos a ello, porque no es probable que lleguemos a superar nuestras debilidades. Si soy malo para las matemáticas, probablemente no debería dedicarme a la contabilidad ni a la ingeniería. Si no soy muy sociable, es mejor que me aleje de las ventas. Y cuando tenemos que dedicarnos a algo para lo que no estamos especialmente dotados, creemos que *debemos ser autocríticos*. Gracias a la autocrítica seremos sinceros con nosotros mismos sobre nuestros defectos y estaremos siempre motivados y alerta. Al exigirnos más en todo momento, lo haremos lo mejor posible.

Las recientes investigaciones científicas sugieren que estas ideas son mitos. No hay duda de que *es* bueno conocer tus puntos fuertes y débiles. Sin embargo, tu forma de enfocar esos puntos puede impulsarte al éxito o condenarte al fracaso. La manera en que te ves a ti mismo (¿crees que tus fuerzas son limitadas?) y en que reaccionas ante los fracasos (¿eres tu peor crítico o puedes tratarte como tratarías a un amigo?) tiene un impacto tremendo en tu vida personal y profesional.

Entender que puedes desarrollar nuevos puntos fuertes en lugar de limitarte a los que crees que tienes y tratarte con cariño en lugar de ser autocrítico te ayudará a ser resiliente cuando te enfrentes a un fracaso, a aprender y crecer con tus errores y a descubrir oportunidades que de otro modo no habrías descubierto nunca. El resultado de todo esto es que te sentirás agradecido, serás mucho más feliz y se multiplicarán tus oportunidades para alcanzar el éxito.

EL PELIGRO DE EXPLOTAR SOLO NUESTROS PUNTOS FUERTES

Por lo general, damos por hecho que lo que distingue a la gente extraordinaria —como los cantantes famosos, los grandes escritores, las estrellas de cine y los multimillonarios que han salido de la nada— del resto de nosotros, son sus *puntos fuertes*. Creemos que esta gente tiene un don especial. Quizá estén dotados de un instinto para los negocios, un talento artístico u otro «factor x». Creemos que esos dones innatos que tienen son lo que los sitúa por encima del resto de los mortales y, por lo tanto, los hace triunfar. Por tanto, si el resto de nosotros no llega a destacar como ellos, se debe a que carecemos de esos dones. O tienes «eso» (sea lo que sea), o no lo tienes, en cuyo caso no puedes hacer prácticamente nada para cambiar las cosas.

Pensamos en nuestros puntos fuertes de forma parecida. Por ejemplo, podrías pensar que se te dan bien los números o no, que eres bueno para tratar con la gente o no, que eres creativo o no. En último término, crees que tu éxito viene determinado por las aptitudes y dones naturales con los que hayas tenido la suerte de nacer. Sencillamente, juegas con las cartas que te han tocado.

Sin embargo, esta creencia de que vinimos al mundo con ciertas cualidades que determinan lo que podemos y no podemos alcanzar se vuelve contra nosotros mismos, especialmente cuando hay un fracaso o un desafío por medio. Carol Dweck, psicóloga del desarrollo en la Universidad de Stanford, ha dirigido durante décadas investigaciones sobre las creencias que tienen acerca de sí mismos tanto los niños como los adultos. Al principio de su carrera, observó que los niños que fracasaban al intentar solucionar un problema de matemáticas podían tener dos reacciones completamente diferentes: o perdían la motivación y se daban por vencidos, con lo cual no aprendían nada nuevo, o seguían intentándolo con mayor entusiasmo y, por lo tanto, adquirían nuevas habilidades. ¿Qué es lo que determina esta reacción? Si creen en talentos naturales (es decir, si comparten esas ideas falsas sobre el éxito que describí anteriormente) y no logran solucionar el problema, llegan a la conclusión de que sencillamente no tienen la capacidad para ello y dejan de intentarlo. No solo no aprenden la lección que debían aprender con ese problema de matemáticas, sino que además se sienten peor sobre sus habilidades matemáticas y sobre ellos mismos.

A lo largo de décadas de investigación sobre un amplio abanico de situaciones de fracaso, Dweck demostró que el fenómeno psicológico que había observado en los niños es generalizado e igualmente perjudicial a cualquier edad. Cuando te enfrentas con un desafío o con un fracaso (una nueva habilidad, una relación o un trabajo), puedes limitarte a dar por hecho que no tienes talento para ello. Ante el fracaso, te rindes y tu bienestar emocional sufre el impacto. ¿A qué se debe esto?

Creer en *puntos fuertes* lleva a la siguiente lógica: «Si fracaso al intentar desarrollar un modelo financiero, esto quiere decir que las finanzas no son mi fuerte. No debería trabajar en este ámbito». Al haberte encasillado como «torpe» para una determinada actividad en la que has fracasado, pierdes por completo la esperanza en tu capacidad para esa área, lo que te impide aprender del error y desarrollar nuevas habilidades. Si dejas de perseverar en cualquier otra cosa que no sea una de las áreas que se te dan bien, sencillamente no podrás ampliar tu esfera de conocimiento o competencia.

Este sistema de creencias puede ser particularmente perjudicial para tu profesión si, por ejemplo, trabajas en un campo que está siempre cambiando y evolucionando, justo lo que nos sucede a la mayoría. Por ejemplo, si tu industria se está expandiendo a China o Japón, podría venirte bien aprender la lengua de esos países. Sin embargo, si crees que los idiomas no son tu punto fuerte, ni siquiera lo intentarás. Así, como es natural, tu creencia se refuerza al hacerse realidad. Lo más probable es que tu conjunto de conocimientos y habilidades permanezcan limitados para siempre a esas áreas de tu vida que ves como puntos fuertes.

Por supuesto, con esto no estoy diciendo que *no* debas dedicarte a trabajar en lo que te resulta fácil o en lo que encaja con tus inclinaciones naturales. Pero la investigación ha demostrado sin lugar a dudas que no deberías permitirte creer que estás *limitado* a ser bueno en las actividades que te resultan fáciles. Podrías tener un potencial enorme que, sencillamente, aún no has descubierto.

Si R. H. Macy hubiera dado por hecho que los negocios no eran lo suyo después de que fracasaran los cinco primeros almacenes que creó, nunca habría fundado los almacenes Macy, que llegaron a ser extraordinariamente famosos. Si después de que se hundiera su primera empresa, Traf-O-Data, Bill Gates hubiera creído que las empresas de informática no se le daban bien, nunca habría fundado Microsoft. Si después de que su primer manuscrito fuera rechazado más de veinte veces, Theodor Seuss Geisel, conocido también por el famoso seudónimo de Dr. Seuss, hubiera llegado a la conclusión de que no era un buen escritor, jamás habría llegado a revolucionar la literatura infantil.

Y quizá lo más importante de todo, cuando crees solo en los *puntos fuertes* y no tienes éxito (no te admiten en la universidad en la que deseabas entrar, no consigues ese trabajo que querías, no obtienes el ascenso que pensabas que merecías, no tienes una buena relación), te hundes. Pierdes la esperanza porque das por hecho que no puedes progresar en esas áreas. No tiene nada de extraño que, como demuestra la investigación, la creencia en esa idea de los *puntos fuertes* esté relacionada con mayores niveles de depresión,[1] en parte, seguramente, porque conduce a una autocrítica feroz.

EL PELIGRO DE CRITICARNOS DURAMENTE

Aunque podría parecer obvio que criticarnos duramente puede tener efectos destructivos, tendemos a hacerlo con bastante frecuencia por la creencia de que nos vendrá bien: «Soy perezoso», «Me rindo demasiado pronto», «No soy lo bastante inteligente». Somos nuestros peores críticos. También creemos que la autocrítica nos impulsa a rendir más y a superarnos. Después de todo, si no nos vigilamos nosotros mismos, ¿quién lo hará? Algunos incluso se enorgullecen de lo «crueles» y «persistentes» que son. Presumen de que no se dejan pasar ni una. Como Laura, la mayoría no nos paramos a cuestionarnos ese hábito de la autocrítica. Puede que ni siquiera seamos conscientes de él. Y si lo somos, probablemente no nos molestemos en cuestionarnos cómo puede afectarnos.

Sin embargo, la investigación demuestra que cuando eres excesivamente crítico contigo mismo, perjudicas tanto a tu bienestar psicológico como a tus probabilidades de alcanzar el éxito. Kristin Neff, profesora asociada de Desarrollo Humano en la Universidad de Texas, señala que esa autocrítica predice con bastante exactitud la ansiedad y la depresión[2] y que, en realidad, en lugar de motivarte tras un fracaso puede impedirte intentarlo otra vez por miedo a volver a fallar.

Nuestro cerebro tiene sistemas que compiten entre sí: uno que busca la gratificación y otro que teme el fracaso.[3] El miedo al fracaso, cuando es excesivo, interfiere directamente en el éxito de las siguientes maneras:

- **Perjudica a tu rendimiento**. La investigación realizada con atletas demuestra que, como una creencia que se retroalimenta a sí misma, el miedo al fracaso los lleva a «sabotearse», a fallar en el momento crítico, como un corredor que tropieza durante la carrera para la que se ha estado preparando durante meses.[4]

- **Te hace rendirte.** El miedo a los errores y al fracaso puede volvernos tan inseguros y ansiosos que nos rendimos enseguida ante los desafíos. Después de todo, si fracasamos tendremos que enfrentarnos a un bombardeo de crítica despiadada.[5]
- **Te hará tomar decisiones erróneas.** Los estudios han demostrado que el miedo al fracaso puede provocarte tanta ansiedad que terminas volviéndote menos interesado en aprender y más dispuesto a tomar atajos como copiar en los exámenes.[6] Un estudio realizado con emprendedores muestra que quienes tienen un fuerte miedo al fracaso son más proclives a pasar por alto el comportamiento poco ético de posibles inversores y asociarse con ellos a pesar de todo.[7]
- **Te hace perder de vista lo que de verdad quieres.** Tu miedo a fracasar puede incluso llevarte a perder de vista el tipo de carrera que quieres realizar. Mi amiga Laura me contó que, al centrarse más en el rendimiento y menos en sus intereses personales, escogiendo clases en las que pudiera sacar las mejores notas en lugar de los temas que le gustaban, dejó de estar en contacto

consigo misma y perdió de vista lo que de verdad le interesaba: «Esto hizo que me resultara difícil pasar de los estudios al trabajo porque ya no sabía lo que me gustaba —explica—. También descubrí que en el trabajo no recibía periódicamente un informe con calificaciones. Me costó más de cinco años lograr algún tipo de satisfacción personal, y esto solo se produjo tras varios intentos fallidos».

El hábito de criticarnos no solo puede incrementar el miedo al fracaso, sino que ser nuestros peores críticos también nos hace centrarnos en nuestros *defectos*, lo que supone una carga psicológica. Como describí en un capítulo anterior, es mucho más fácil enfocarse en lo negativo: la investigación demuestra que el cerebro presenta un *sesgo negativo*. Nuestra visión tiene una predisposición hacia lo negativo; en lo que se refiere a nuestras mentes, lo malo tiene más fuerza que lo bueno. La investigación realizada por Roy Baumeister y otros sugiere que esta tendencia a dar más peso a lo negativo puede haber ayudado a nuestra especie a sobrevivir al llamarnos la atención sobre los peligros potenciales.[8] Sin embargo, actualmente, esa inclinación hacia la negatividad, tanto en lo que se refiere al entorno como a los juicios que hacemos sobre nosotros mismos, es perjudicial.

Somos tan propensos a fijarnos en la *negatividad* que nuestra visión de la realidad está distorsionada. Un análisis de Shelley Gable y Jonathan Haidt sugiere que aunque tenemos tres veces más experiencias positivas que negativas, tendemos a centrarnos en las negativas.[9] Esta investigación sugiere que, de hecho, si fuéramos capaces de ver las cosas como en realidad son, tendríamos un *sesgo positivo*, porque el 75% de nuestras vidas va relativamente bien. No obstante, estamos tan centrados en lo negativo que a menudo no nos damos cuenta de lo que tenemos, ni mucho menos lo disfrutamos.

En lo que se refiere a nosotros mismos, la tendencia es parecida. Tu relación contigo mismo es autocrítica porque te centras en tus defectos y debilidades. Si, a finales de año, tienes que hacer una autoevaluación de tu rendimiento, es posible que te acuerdes del proyecto en el que fallaste, de los informes que te salieron mal o de aquella vez que tuviste una conversación un tanto desafortunada con tu jefe. Y si, para tu sorpresa, tu superior te elogia por una larga lista de tareas que hiciste bien este año pero menciona una o dos que desearía que hubieras hecho de otra forma, aun así es probable que te centres en los comentarios negativos.

Otra tendencia que refuerza tu inclinación a la negatividad es dar por hechos tus logros. Si tu meta ha sido convertirte en un gran investigador, escritor o chef, puede que hayas trabajado durante años para llegar hasta ahí. Sin embargo, una vez que alcanzas la meta, descubres que sigues sin estar satisfecho. ¿Por qué? Porque además de centrarte en lo negativo, también te acostumbras a todo lo bueno que hay en tu vida y empiezas a darlo por sentado, un fenómeno llamado habituación. Puede que te hayas sentido muy feliz por, digamos, un ascenso meritorio o un reconocimiento público como, por ejemplo, un premio en tu campo, pero con el tiempo todo esto pierde su capacidad de regocijarte una vez más porque te has acostumbrado a ello.

Dada nuestra propensión hacia la negatividad, el hábito de autocriticarnos solo refuerza aún más esta negatividad, deformando la imagen que tenemos de nosotros mismos y haciendo peligrar todavía nuestro éxito y nuestra felicidad. Ahora bien, no estoy diciendo que debas ignorar tus defectos ni evitar la autocrítica. Si tienes tendencia a dejar las cosas para más tarde y esto te impide cumplir con plazos importantes, perjudica la calidad de tu trabajo o incrementa tu estrés, por ejemplo, te vendría bien reflexionar sobre cómo tratar este hábito. Existe una diferencia entre ser consciente de cómo eres (conocer tus debilidades) y criticarte duramente, lo que solo añade presión a una situación ya de por sí estresante y, de hecho, te impide alcanzar los mejores resultados.

Si creer que el éxito depende de tus puntos fuertes, por un lado, y tu tendencia a criticarte, por el otro, terminan saboteando tus oportunidades de éxito, ¿cómo puedes cambiar esas creencias que tienes sobre ti y reemplazarlas por otras más productivas? La investigación sugiere que en lugar de creer en puntos fuertes, deberías creer en el esfuerzo, y en lugar de criticarte, tratarte con cariño.

CREE EN EL ESFUERZO, NO EN LOS PUNTOS FUERTES

A pesar de ser considerado un genio, Albert Einstein no creía en la idea de los *puntos fuertes*: «El fracaso es un éxito en vías de conseguirse», dice una frase que se le atribuye. Einstein entendió correctamente que los puntos fuertes no surgen porque sí: hay que *desarrollarlos*.

Es una suerte que tuviera esas convicciones, ya que de niño fue tan lento para aprender a hablar y escribir que su familia creyó que podía tener algunas deficiencias mentales, y más tarde, lo expulsaron del colegio y no logró que lo admitieran en la Escuela Politécnica de Zúrich. Sin embargo, cuando finalmente terminó la universidad, fue el único de su clase que no se dedicó a enseñar. Si hubiera creído en la teoría de los *puntos fuertes*, habría dado por hecho que no valía para ser científico. Pero como creía que sus aptitudes podían desarrollarse, no solo siguió adelante sin dejar que los fracasos lo detuvieran sino que revolucionó la física, llegando a ganar el Premio Nobel.[10]

Los datos neurocientíficos demuestran claramente que nuestros cerebros siguen desarrollando nuevos circuitos neuronales durante toda nuestra vida. El cerebro está diseñado para desarrollarse y aprender cosas nuevas. Aunque algunas habilidades nos resultan más fáciles que otras, estamos programados para aprender, disfrutar y dominar toda clase de aptitudes, desde tocar el violín hasta saber cómo manejar una palanca de cambios, pasando por dominar la caligrafía china y obtener las mejores calificaciones en unas oposiciones de funcionario de Hacienda.

¿Qué es lo que determina que aprendamos nuevas aptitudes? En gran parte, nuestras creencias. La investigación de Dweck demuestra que la gran diferencia entre quienes persisten ante los fracasos y los que se rinden ante ellos es que *creen* que pueden *desarrollar* puntos fuertes (en lugar de haber nacido con ellos). Saben que, si son persistentes, pueden mejorar en cualquier ámbito. A consecuencia de esto, aprenden de sus errores, son más resilientes emocionalmente cuando fracasan y al final consiguen más objetivos y con una mayor confianza en sí mismos.[11] En lugar de pensar que el desafío, problema o error al que se enfrentan dice algo sobre ellos, lo consideran como una aventura que despierta su entusiasmo, una maravillosa oportunidad para aprender y crecer. Cuando yo estudiaba en Stanford, Dweck nos habló de un chico que, cuando falló en un problema difícil de matemáticas en el estudio de Dweck, volvió lleno de entusiasmo a tratar de solucionar el problema, diciendo: «¡Me *encantan* los retos!».

Jack Ma nació en el seno de una familia pobre en Hangzhou, en la provincia china de Zhejiang. Suspendió en el examen de acceso a la universidad, no una sino dos veces, antes de ser admitido en el Instituto de

Profesores de Hangzhou. Tras terminar sus estudios, mandó su currículum para docenas de puestos y fue rechazado categóricamente en todos los casos. Finalmente, empezó a trabajar como profesor de inglés ganando un humilde salario de doce dólares al mes. Como parte de un trabajo de traducción, viajó a Estados Unidos y descubrió Internet. Inspirado por este descubrimiento, fundó dos empresas *online* que fracasaron. Siguió adelante y fundó Alibaba Shareholdings. Hoy en día es el hombre más rico de China,[12] con una riqueza de 2.500 millones de dólares.[13] Es director ejecutivo de Alibaba y *Time* lo nombró uno de los «personajes más influyentes de 2009».[14]

Si Ma hubiera creído en los *puntos fuertes*, habría seguido la vida entera haciendo lo que mejor se le daba: enseñar inglés. Después de todo, antes de decidir lanzarse a una aventura comercial por Internet, nunca había escrito una línea de código ni hecho una sola venta a un cliente. Pero su entusiasmo provenía de la creencia de que si fracasaba, aprendería de la experiencia. «No importa lo que uno haga, independientemente del fracaso o el éxito, la experiencia es una forma de éxito en sí misma. Tienes que seguir intentándolo, y si no funciona, siempre puedes volver a lo que hacías antes», dijo.[15]

Como demuestra la historia de Ma, cómo te ves a ti mismo tiene el poder de determinar tu bienestar general, tu seguridad y tu éxito. Esta perspectiva predice si te recuperarás y te crecerás cuando te enfrentes al inevitable fracaso. También predice si aceptarás un desafío y te embarcarás en nuevas oportunidades, desarrollando nuevas aptitudes por el camino.

En estas nuevas aventuras te tropezarás forzosamente con nuevos reveses de la fortuna. Cuando estos empiecen a surgir, contener la autocrítica y desarrollar una relación más positiva con nosotros mismos fortalece todavía más nuestras probabilidades de triunfar.

EL PODER DE SER AMABLE CON UNO MISMO

Laura comprendió que debía cambiar su actitud sobre sí misma y enfrentarse a su comportamiento exageradamente autocrítico a pesar de la presión social para aguantar. Por aquel entonces me dijo que tenía que irse para poder aprender a ser menos dura consigo misma. Muchos no llegamos nunca a esa sabia conclusión a la que ella llegó siendo tan joven. Por el contrario, aspiramos a ser aún *más exigentes* con nosotros mismos y a castigarnos con más dureza, convencidos de que debemos rendir cada vez más.

Tras vivir de manera autodestructiva durante años, Laura puso fin a las exigencias excesivamente autocríticas a las que se había sometido. Adoptó un enfoque más amable que implicaba tratarse con más cariño, una mayor indulgencia para con sus propias faltas y una perspectiva más amplia y más consciente. En definitiva, se volvió lo que los investigadores llaman «compasiva hacia sí misma».

En lugar de impulsarse solo por motivaciones externas, centrando su energía y su atención únicamente en los objetivos académicos o deportivos, se volvió consciente de sus propias necesidades, y se trataba con cariño cuando aparecía alguna dificultad. Pronto volvió a aparecer su sonrisa radiante. Siguió siendo una estudiante destacada, pero ya no lo hacía al precio de su propio bienestar.

Las evidencias científicas apoyan lo que Laura comprendió intuitivamente: ser amable con uno mismo es uno de los pilares fundamentales de la resiliencia y el éxito. Mientras que la autocrítica excesiva puede debilitarnos y perjudicarnos, la compasión hacia nosotros mismos es la clave del empoderamiento.

¿Qué es exactamente la autocompasión?* La autocompasión consiste en tratarte a ti mismo como tratarías a un compañero o un amigo que ha tenido un fracaso. En lugar de reñir y juzgar a tu amigo, aumentando así su zozobra, lo escuchas con una actitud comprensiva. Tratas de hacerle recordar que los errores son normales. Neff fue el pionero en la investigación de la autocompasión y ha descrito sus tres componentes:[16]

- **Tratarte con cariño.** La autocompasión implica tratarse a uno mismo con comprensión y paciencia en lugar de avergonzarse, criticarse o reñirse

---

* N. del T.: el significado de los términos *autocompasión* y *autocompasivo*, en el contexto de la psicología, no debe confundirse con tenerse lástima, que es como normalmente se interpreta.

duramente. Implica mantener un diálogo positivo y alentador contigo mismo. Neff sugirió las siguientes frases amables: «No hay nada malo en fracasar; no significa que seas una mala persona o que no sirvas para lo que haces»; «Creo en ti y te apoyo, y sé que puedes hacerlo»; «Me gustaría que intentaras cambiar para poder ser más feliz».

- **Entender que eres humano y que todo el mundo comete errores.** «Errar es humano», escribió el papa Alejandro. Saber que todos nos enfrentamos antes o después con el fracaso te ayuda a ser menos crítico y a no sentirte tan mal cuando te ocurra. Te replanteas el fracaso para verlo como algo normal y así no te afecta tanto. Te recuerdas a ti mismo que «esto le puede pasar a cualquiera», que «todo el mundo falla algunas veces» y que «el fracaso es la mejor experiencia para aprender». Te das cuenta de que hay áreas profesionales o personales en las que aún necesitas crecer y desarrollar mejores aptitudes, y vuelves a tu vida diaria decidido a corregir esas debilidades.

- **Conciencia plena.**[*] La conciencia plena consiste en ser consciente de tus pensamientos y sentimientos y reconocerlos, pero observándolos con perspectiva y distancia y sin identificarte excesivamente con ellos. En lugar de sucumbir a un

---

[*] N. del T.: *mindfulness*.

torrente de emociones, como la ira hacia ti mismo, limítate a observar los pensamientos y sentimientos que surgen como contemplarías una tormenta desde tu ventana. Conciencia plena no significa suprimir o negar estos sentimientos, sino más bien estar presente con ellos sin intentar cambiarlos. Neff sugirió los siguientes ejemplos de cómo podemos tratar los pensamientos y los sentimientos desde la perspectiva de la conciencia plena: «La verdad es que ahora mismo esto es muy duro», «Siento que estés pasándolo mal», «Este momento pasará».

Como directora científica del Centro para la Investigación y Educación de la Compasión y el Altruismo, soy muy consciente de que cuando usamos la palabra *compasión* como parte de algún concepto, puede parecer que estemos hablando de algo «débil» o idealista. Pero la compasión hacia uno mismo es cualquier cosa menos débil: es inteligente. Te permite tener éxito sin sabotearte.

Ser compasivo contigo mismo no significa, por ejemplo, librarte de tu responsabilidad cuando fallas o cometes algún error. Solo significa que enfocas estos contratiempos de una manera más constructiva, que aprendes de ellos en lugar de castigarte. No implica que no reconozcas tus debilidades. En un estudio, Neff descubrió que al enfrentarse a una situación amenazadora (en este caso, una entrevista de trabajo en la que se les pidió a los aspirantes que describieran su «mayor debilidad»), quienes mostraban una mayor compasión hacia sí mismos describieron tantas características negativas como aquellos que mostraban menos. Sin embargo, los primeros sintieron mucha menos ansiedad al realizar este ejercicio.[17] En otros estudios Neff demostró que la autocompasión te vuelve resiliente independientemente de los elogios o críticas que recibas.[18] En otras palabras, al sentirte bien con tus cualidades y tus faltas, no eres tan influenciable ni tan vulnerable a las opiniones de los demás.

La investigación de Neff demuestra que tratarnos bien nos permite dar lo mejor de nosotros. La autocompasión (al contrario que la autocrítica) nos ayuda a crecer[19] y está asociada con toda una serie de beneficios:

- Mayor bienestar psicológico.
- Menos ansiedad, depresión y estrés.[20]
- Más felicidad, optimismo, curiosidad, creatividad y emociones positivas.[21]
- Mejor salud.
- Menor inflamación celular en respuesta al estrés.[22]
- Reducción del cortisol[23] (una hormona relacionada con el estrés).
- Incremento de la variabilidad del ritmo cardiaco, un indicador fisiológico asociado con la capacidad de recuperarse más rápidamente de las situaciones estresantes.[24]

- Mejora de las habilidades profesionales y personales.
- Una motivación más fuerte.[25]
- Mejores relaciones con los demás.[26]
- Reducción del miedo al fracaso y una mayor disposición a volver a intentar las cosas.[27]
- Mayor fuerza de voluntad.[28]
- Mayor perspectiva y una reducción de la tendencia a abrumarse en los momentos problemáticos.[29]

Aunque todavía se necesita avanzar en la investigación sobre la fisiología de la autocompasión comparada con la autocrítica excesiva, los investigadores de la compasión, como Paul Gilbert, proponen un modelo sencillo. La autocrítica excesiva activa el sistema nervioso simpático (lucha o huida) y eleva las hormonas del estrés, como el cortisol. Cuando estamos bajo sus efectos, no podemos aprender ni aplicar la parte de verdad que existe en toda crítica y que podría beneficiarnos. Por el contrario, la autocompasión activa el papel de cuidador propio de los mamíferos y las hormonas de la pertenencia y el amor, como la oxitocina. La oxitocina, conocida también como la «hormona del abrazo», se segrega durante los abrazos, las relaciones sexuales y en las madres lactantes. Se asocia con sensaciones de bienestar.[30] Cuando estamos bajo sus efectos podemos recibir retroalimentación sobre nuestra conducta y aprender de ella sin hundirnos.

La parte más difícil de la compasión hacia nosotros mismos es contrarrestar esa tendencia que tenemos de centrarnos en lo negativo. Como consecuencia de la negatividad, el sesgo y la habituación, es mucho más fácil ser autocrítico.

Sin embargo, hay un hábito que nos impide sucumbir a esta tendencia: la gratitud. La gratitud equilibra nuestra inclinación a fijarnos en lo negativo haciéndonos más conscientes de las experiencias positivas de la vida y ayudándonos a centrarnos en nuestros aspectos positivos. La gratitud permite que adoptemos una visión más equilibrada que refuerza nuestra felicidad y nuestro éxito.

Tim Ryan, de Ohio, es el congresista más joven que ha sido elegido nunca para el Congreso.[31] Designado para su mandato en 2003 a la edad de veintinueve años, personifica el camino de la felicidad hacia el éxito que describo en este libro. Vive de acuerdo con sus valores y defiende apasionadamente las causas en las que cree, incluso cuando no le confieren ninguna ventaja política. Cuando conoces al congresista Ryan, ves a un hombre que no solo tiene éxito sino que además se siente pleno, satisfecho y lleno de alegría.

Sin embargo, su actividad diaria no carece de problemas: «El mundo puede ser (si lo ves de esa manera) un lugar negativo. ¿Cómo puedes impedir abrumarte cuando estás en un mundo en el que, ya sea participando en la política estatal o en la que se hace en los despachos, todos están a la defensiva y algunos intentan hacerte daño?». Como congresista, cualquier decisión que Ryan toma en el Congreso conlleva inevitablemente multitud de críticas y ataques feroces de sus oponentes.

«Con toda la negatividad que recibes (que a veces es de verdad muy dura), no te queda otra que detenerte y tomar aliento. Es importante actuar desde la gratitud, el agradecimiento y la apreciación de lo que tienes», señala. En lugar de sentirse derrotado, autocrítico o enfadado cuando lo atacan, el congresista Ryan es capaz de convertir en gratitud la negatividad que le dirigen. La gratitud es el acto más autocompasivo posible cuando se enfrenta a tanta hostilidad. Le proporciona la sensatez y la calma necesarias para seguir adelante y resolver apropiadamente las situaciones. La gratitud es una gran fuente de fortaleza. La investigación apoya la idea de que tiene tremendos beneficios y además refuerza significativamente las habilidades profesionales.

Mayor bienestar y salud psicológicos:
- Mejoría de las emociones positivas.[32]
- Emociones positivas más duraderas.[33]
- Protege contra el estrés y la negatividad.[34]
- Disminución de la ansiedad y las depresiones.[35]
- Disminución del materialismo[36] (y el materialismo está ligado a niveles más bajos de bienestar).[37]

- Mejora de la calidad y duración del sueño, en parte porque tienes más pensamientos de gratitud antes de acostarte.[38]

Mejora de las habilidades profesionales:
- Inteligencia social más elevada.[39]
- Mejora de las relaciones.[40]
- Simpatía (la gratitud te vuelve una persona más amable, altruista, ética y moral).[41]
- Fortalecimiento de la voluntad.[42]
- Mejora de la toma de decisiones a largo plazo.[43]
- Aumento de la influencia positiva sobre los demás, que los ayuda a ser más éticos y actuar con más integridad[44] y mayor bondad.[45]

A pesar de los beneficios de la gratitud, existe una ausencia significativa de ella en los países industrializados occidentales. En Estados Unidos, por ejemplo, solo el 52% de las mujeres y el 44% de los hombres expresan su gratitud a los demás de forma habitual.[46] Teniendo en cuenta esta triste realidad, ¿con qué frecuencia nos mostramos gratitud a *nosotros mismos*? Cada día, podemos elegir cómo interpretamos nuestras vidas. Tenemos la elección de centrarnos en lo que queremos y aún no tenemos (digamos, mejores hábitos profesionales), y de esta manera sentirnos mal. O podemos centrarnos en lo que tenemos (por ejemplo, lealtad e integridad). Todos contamos al menos con una cualidad (¡seguramente muchas más!) por la que podemos sentirnos agradecidos. Cuando tomamos nota de nuestras características positivas y las agradecemos, nos volvemos más compasivos con nosotros mismos, por no mencionar que comenzamos a vernos de una forma mucho más realista y positiva.

A algunas personas les cuesta sentir gratitud porque están agotadas por las dificultades y los problemas a los que se enfrentan. Un estudio interesante demostró que sentirse feliz por los detalles del día a día o solo por los acontecimientos extraordinarios depende de tu percepción del tiempo que te queda por vivir.[47] Cuanto menos tiempo pienses que te queda, más placer extraerás de las cosas más sencillas. Una investigación análoga realizada con ancianos y estudiantes universitarios en su último semestre (ambos tenían en común un final a la vista) descubrió que los dos grupos eran más propensos a apreciar las experiencias corrientes.

La mayoría vivimos como si no fuéramos a morirnos nunca. Solo cuando enfermamos o alguien cercano fallece nos damos cuenta de lo efímera que es la vida. Saber que todo termina le brinda una intensidad agridulce a este momento, ya que sabemos que no volverá a repetirse. Aunque a algunos esta idea les parece deprimente, en realidad es una llamada a la acción. Podemos tomar la determinación de celebrar nuestras vidas y de celebrarnos a nosotros mismos. No importa los desafíos con los que nos encontremos, de nosotros depende aceptar los regalos que la vida nos brinda y que nosotros le aportamos o cerrar los ojos a ellos.

Nuestra capacidad de agradecer este momento no solo nos aportará más felicidad, sino que, por si fuera poco, nos brindará más éxito. «La gente más feliz no es la que tiene más, sino la que saca lo mejor de todo lo que tiene», dice el refrán.

Cuando notes el sesgo negativo de tus pensamientos y la autocrítica severa, cierra los ojos y recuerda esos rasgos de ti mismo por los que te sientes agradecido. Esto te pondrá en contacto con la realidad y te impedirá sentirte mal contigo mismo; te ayudará a verte como de verdad eres. En cuanto a tus puntos débiles, tratarlos desde la compasión te ayudará a superarte. Del mismo modo, acordarte de reflexionar sobre lo que va bien en tu vida te permite contrarrestar la habituación y seguir alegrándote de todo aquello por lo que eres afortunado. Por supuesto, siempre habrá situaciones difíciles y mucho de lo que quejarse. Sin embargo, puedes dejar que estas situaciones controlen tu mente y se conviertan en una verdadera carga para tu bienestar y tus aspiraciones profesionales o puedes tomar el control. Tal vez las situaciones no cambien, pero tú sí.

CÓMO SER MÁS COMPASIVO CONTIGO MISMO

Tratarse bien a uno mismo puede parecer difícil. No solo estamos acostumbrados a ser autocríticos, sino que nos han enseñado que no debemos presumir.

Aprendimos que debíamos ser amables con los demás, pero la idea de ser amable con nosotros puede parecernos rara o sonar como uno de esos conceptos de la nueva era.

Aun así, como hemos visto, hay razones científicas sólidas que explican por qué la compasión hacia uno mismo nos beneficia y beneficia también a nuestra carrera. Aquí tienes algunos consejos para convertirla en un hábito:

- **Observa cómo te hablas a ti mismo.** Neff sugiere que cuando nos enfrentamos a un fracaso o a un desafío, darnos cuenta de cómo nos hablamos a nosotros mismos puede ayudar a disminuir la autocrítica y reemplazarla por autocompasión. Por ejemplo, en lugar de decir cosas como: «¿Cómo pude hacer algo así? ¡Qué idiota soy!», podrías decir: «Me he despistado un momento y ya está. Esto podría pasarle a cualquiera; no es para tanto».
- **Escríbete una carta.** Cuando tus emociones te superan, Neff sugiere que te escribas una carta como si le estuvieras escribiendo a un amigo. Digamos que has cometido un error que te va a costar mucho y estás enfadado contigo. Al principio podría parecerte rebuscado o extraño, pero escríbete una carta como si le estuvieras escribiendo a alguien querido que ha

cometido el mismo error. Tus palabras deberían confortarte, no atacarte, servir para normalizar la situación en lugar de hacer una montaña de un grano de arena. Varios estudios demuestran que escribir sobre tus emociones puede ayudar a regularlas.[48]

- **Crea una frase compasiva.** Neff sugiere crear un mantra o una frase compasiva a los que puedas echar mano en situaciones difíciles, para que seas capaz de abordarlas con calma y soltura. Su mantra es: «Este es un momento de sufrimiento. Sufrir es parte de la vida. Voy a tratarme bien en este momento; voy a proporcionarme la comprensión que necesito».

- **Haz una lista diaria de gratitud.** Cada día escribe cinco cosas por las que te sientes agradecido. Puede que esto te suene demasiado simple. Sin embargo, este ejercicio extremadamente corto puede producir resultados poderosos y duraderos.[49] Para incrementar la compasión al final de cada día, escribe cinco cosas que te sientas orgulloso de haber conseguido o cinco cualidades positivas que veas en ti mismo.

Tras dejar Yale, mi amiga Laura se tomó un año libre de estudios para estar en contacto consigo misma, reflexionar sobre lo que de verdad quería y aprender a dejar de presionarse y controlarse tanto. Participó en un programa de expediciones en la naturaleza y trabajó en una librería especializada en novelas de misterio, un género que le encantaba. Tras su paréntesis de un año, pasó a otra universidad de su ciudad para poder disfrutar del calor de su familia. Tras su graduación, dos facultades de derecho altamente selectivas le ofrecieron becas debido a sus notas. En la actualidad trabaja en una agencia federal de Washington DC y está felizmente casada.

Está totalmente decidida a no transmitir esa falsa concepción del éxito que una vez devastó su vida: «No quiero que mis hijas sientan la misma opresión que sentía yo; me ponía muy nerviosa cada vez que creía que iba a sacar una nota inferior al sobresaliente».

¿Podría haber tenido Laura éxito en Yale si hubiera «aguantado», si hubiera seguido siendo su peor crítica y se hubiera dedicado a esforzarse sin descanso por destacar? Puede que sí, pero ¿a qué precio? Y ¿cuánto habría durado ese éxito antes de que inevitablemente se desgastara por completo? Al cambiar de raíz su relación consigo misma (cómo percibía sus debilidades y fortalezas y cómo se trataba a sí misma), Laura consiguió encontrar el bienestar y una senda sostenible para el éxito.

Ese es el poder de la autocompasión y de la convicción de que los talentos y los puntos fuertes pueden desarrollarse. Este poder no solo aumenta tu fortaleza interna, creando una base mental estable y resistente, sino que además te asegura que seguirás creciendo y prosperando siempre.

Capítulo 6

DESCUBRE LA VENTAJA DE SER SOLIDARIO

POR QUÉ PENSAR EN LOS DEMÁS TE BENEFICIA MÁS QUE MIRAR ÚNICAMENTE POR TUS INTERESES

La bondad es la única inversión que no falla nunca.

Henry David Thoreau[1]

Cuando Drake[2] entró en el banco de inversiones de Bear Stearns, en Wall Street, como director ejecutivo, se quedó desconcertado al ver el egoísmo que reinaba en el ambiente. Indudablemente, la industria de las inversiones bancarias es competitiva y visceral, pero a Drake, que venía de trabajar en un banco de inversiones en el que se valoraba enormemente el compañerismo y la colaboración, Bearn Stearns le resultó especialmente duro. «Nunca había visto un ambiente tan malo en Wall Street —me confesó—. A la hora de contratar personal, Bearn Stearns no podía competir contra firmas como Morgan Stanley y Goldman Sachs, que eran más elitistas»; por eso el ambiente era «rudo, independiente, agresivo, la clase de ambiente de los "chicos de barrio bajo"».

Drake me explicó que Bear Stearns prefería ofrecer salarios poco sustanciosos y compensar con bonificaciones más altas a los empleados. Como director ejecutivo, si generabas negocio, podías recibir una recompensa bastante más alta que la otorgada por cualquier otro banco. Por eso, los demás directores eran tan competitivos que normalmente no se saludaban por los pasillos ni demostraban el más mínimo interés en establecer relaciones. Solo pensaban en su propio beneficio, mantenían en secreto agresivamente todo lo relativo a sus clientes y solían atribuirse el mérito de los contratos conseguidos por sus compañeros de trabajo.

El ambiente de Bear Stearns puede parecer especialmente despiadado, aunque es la versión exagerada de una teoría acerca del éxito que está muy arraigada en nuestra cultura: para tener éxito, lo primero y más importante es mirar por uno mismo. No han enseñado que el pez grande se come al pequeño, que el vivo vive del bobo, que en este mundo no podemos contar con nadie, y por eso tenemos que centrarnos en ser el número uno y evitar que los demás nos superen. Durante la infancia se nos enseña que lo que prima es la ley del más fuerte. Además, los economistas, que llevan mucho tiempo afirmando que nuestra motivación principal es el interés propio, han propagado la idea de que todos somos seres egoístas. Nos dicen que, como disponemos de recursos limitados, tenemos que imponernos a nuestros competidores y mirar por nuestros propios intereses.

¿Puedes sacar mejores notas que tus compañeros de clase para ingresar en una universidad más prestigiosa? Cuando empieces a trabajar, ¿ascenderás o será tu compañero quien consiga ese puesto? En los negocios, ¿puedes hacerlo mejor que la competencia? Parece evidente que debes pensar únicamente en ti; solo hay un ganador y un perdedor, de manera que es mejor que seas tú quien gane.

Sin embargo, la investigación científica demuestra que ser egoísta y centrarte solamente en ti, de hecho, puede impedirte alcanzar el éxito que podrías lograr. Lo cierto es que quienes dan prioridad a pensar en sus semejantes (no a su propio interés) tienen más probabilidades de ser felices y alcanzar el éxito, además de ayudar a otros a triunfar.

El concepto de la «supervivencia del más fuerte» (que suele atribuirse a Charles Darwin) en realidad lo acuñó un politólogo, Herbert Spencer, para justificar las jerarquías sociales y económicas.[3]

Darwin, por el contrario, defendía que las «comunidades con mayor número de miembros solidarios prosperaban más y criaban a un mayor número de descendientes».[4] La solidaridad y la bondad son la verdadera causa de nuestra supervivencia a través de los siglos. Necesitamos ayudar a los demás a sobrevivir y a prosperar tanto en la naturaleza como en nuestras propias vidas.

POR QUÉ NOS PERJUDICA EL EGOCENTRISMO

En 2008, Bear Stearns fue arrastrado por el colapso del mercado de las hipotecas de alto riesgo. Drake me contó que aunque en la caída del banco intervinieron otros factores, su reputación, ambiciosa y egoísta, no le ayudó en absoluto. El director general de Bear Stearns en aquel momento, James *Jimmy* Cayne (la personificación del egoísmo y la agresividad) era parte del problema.[5]

«Jimmy era arrogante y no tenía muchos amigos en Wall Street —me contó Drake—. Cuando en 1998 se hundió Long Term Capital Management LP, una firma de gestores de fondos de cobertura, Jimmy y Bear Stearns advirtieron a la Reserva Federal y a otros dirigentes de Wall Street que no pensaban participar en su rescate.[6] Así que, ¿adivina lo que pasó? Que cuando Bear necesitó un rescate, nadie estuvo dispuesto a ayudarlos. Más bien al contrario, se sentaron a esperar que se hundiera para sacar una tajada altamente lucrativa tan pronto como la Reserva Federal consiguiera detener la debacle de las hipotecas tóxicas de alto riesgo».

En marzo de 2008, el Banco de la Reserva Federal terminó aportando un crédito de emergencia para impedir el colapso de Bear Stearns con la condición de que este se vendiera a J. P. Morgan durante el fin de semana.

Las acciones de Bear Stearns (que un día habían llegado a valer 171,50 dólares)[7] fueron vendidas a J. P. Morgan Chase a 10 dólares cada una.

Como pone de manifiesto esta historia, hacer las cosas pensando solo en el propio interés puede servir a corto plazo, pero a la larga termina fallándote. Y en casos extremos puedes perderlo *todo*. La investigación sugiere que el egocentrismo te perjudica de cuatro maneras distintas: te impide ver las cosas, destruye tus relaciones, te debilita ante los fracasos, y daña a tu salud y tu bienestar emocional.

El egocentrismo te impide ver con claridad

El egocentrismo puede conducir a la arrogancia o, en términos psicológicos, al narcisismo. El narcisismo, según Jean Twenge, profesora de la Universidad Estatal de San Diego y coautora de *The Narcissism Epidemic* [La epidemia del narcisismo], es una sensación exagerada de superioridad y engreimiento: «Es un rasgo que tiene múltiples facetas en las que se mezclan la vanidad, el materialismo, la falta de empatía, los problemas de relaciones y el egoísmo. Consiste en un abanico amplio y complejo de características, pero esencialmente es una idea inflada del yo». Aunque gran parte de nosotros creemos que no somos narcisistas, una encuesta alarmante de Twenge indica que el narcisismo está en alza. En Estados Unidos las puntuaciones de los universitarios en las pruebas sobre narcisismo se han elevado espectacularmente desde 1987, con el 65% de los estudiantes actuales sacando una puntuación más alta en narcisismo que las generaciones anteriores.[8]

En una entrevista, Twenge me contó que cuando salió a la luz su estudio, muchas publicaciones universitarias escribieron críticas y artículos sobre sus conclusiones.[9] Sin embargo, sostenían que para triunfar en un mundo competitivo *había que ser* narcisista. «La premisa es que el narcisismo te ayuda a obtener el éxito —explica Tweng—. Pero el problema de esa premisa es que esto no es cierto».

Según ella, una de las razones por las que los narcisistas terminan fracasando es que se arriesgan demasiado, ya que no tienen una visión clara de sus propias aptitudes. Por eso, el narcisismo empeora su rendimiento a la larga. El narcisismo puede provocar «ángulos muertos» increíbles, especialmente en el puesto de trabajo, haciéndote ver tus propias habilidades profesionales y de liderazgo de una manera mucho más positiva que tu superior. Este tipo de visión excesivamente positiva puede impedirte ver tus puntos débiles.[10]

En términos de liderazgo, Twenge explica que los narcisistas siempre desean ser líderes, pero que una vez que lo consiguen, provocan rechazo en su equipo y son ineficaces. Señala que, por regla general, preferimos líderes que sean humildes, agradables y comprensivos. Hay una excepción a esta regla, reconoce Twenge. Cuando se trata de actuaciones públicas (ocasiones en las que otra gente los está mirando), los narcisistas tienden a hacerlo bien, pero prácticamente en todas las demás áreas, desde los negocios hasta la educación, fracasan.

El egocentrismo destruye las relaciones

El egocentrismo y el narcisismo pueden dañar tus relaciones y alejar a la gente de ti, me explicó Twenge. Probablemente todos conocemos a compañeros de trabajo o jefes que andan perdidamente enamorados de sí mismos. Esta actitud puede ser abierta (presumen de sus logros y buscan protagonismo) o más sutil (manipulan las situaciones para atribuirse el mérito del trabajo de otros), algo muy corriente, por ejemplo, en el mundo académico, en el que de forma habitual algunos científicos y profesores reciben el reconocimiento por un trabajo que en realidad fue realizado por estudiantes graduados y científicos posdoctorales.

Lo más probable es que no queramos pasar tiempo con esa persona ni (todavía más importante) confiemos en ella como compañero o jefe. Alguien que solo se preocupa por sí mismo podría arrojarte a la vía del tren sin ningún problema si eso sirve a sus intereses.

No tiene nada de raro que el narcisismo y el egocentrismo arruinen las relaciones. Los narcisistas tienden a comportarse con dureza en ocasiones porque cuando se amenaza a su autoestima y creen que no reciben el respeto que se merecen, suelen responder con ira y agresividad.[11] Un estudio sobre los centros de trabajo titulado «Narcisismo y conducta laboral contraproducente: ¿tener más ego significa tener mayores problemas?» demostró que quienes obtienen una puntuación alta en la escala del narcisismo están también por encima en la escala de la ira y el comportamiento laboral contraproducente. Son más propensos a participar en actos contrarios a la ética que perjudican a la organización, entre ellos agresiones personales, robo, sabotaje, pérdida de tiempo, propagación de rumores y entorpecimiento del ritmo del trabajo.[12] Los narcisistas pueden volverse contra sus compañeros e incluso incurrir en prácticas de *bullying* con objeto de sentirse bien consigo mismos.[13] Y lo que es más, el aislamiento social con el que inevitablemente se enfrentan termina exacerbando su comportamiento antisocial, lo que los lleva a un aislamiento todavía más profundo.[14]

La ira y el *bullying* dañan aún más sus relaciones. La investigación demuestra que la ira y la frustración erosionan la lealtad de los compañeros y empleados. Adam Grant, profesor de Wharton, señala que si eres desagradable con alguien, es probable que el comportamiento de esa persona sea recíproco.[15] Si tratas a un compañero o empleado con ira, su reacción podría volverse contra ti. «Puede que la próxima vez que necesites contar con ese empleado, haya perdido parte de la lealtad que sentía antes hacia ti», señala.

Es más, a los jefes que expresan emociones negativas se les suele considerar menos eficaces.[16] En general los jefes egocéntricos someten a sus equipos a más presión de la que deben, lo cual provoca una respuesta de estrés que afecta negativamente tanto a los empleados como a sus supervisores. En un estudio realizado con empleados de varias organizaciones, los gastos sanitarios de quienes tenían niveles altos de estrés eran un 46% superiores a los de organizaciones parecidas en las que no se daban niveles elevados de estrés.[17] La investigación demuestra que el estrés del puesto de trabajo puede provocar una mayor rotación de personal, ya que los empleados buscan otro empleo, rechazan los ascensos o incluso dejan la empresa.[18]

El egocentrismo te debilita ante los fracasos

Centrarte en ti mismo, en lugar de ayudarte a salir airoso, puede volverte menos resiliente y más débil a la hora de enfrentarte a un problema o a un fracaso. Aunque, naturalmente, la confianza y una visión positiva de ti mismo son cualidades deseables, un exceso de autoestima puede ser perjudicial porque, por lo general, implica compararte con otros.[19] Es lo que los psicólogos llaman el «efecto ser mejor que la media»: normalmente, la mayoría pensamos que estamos por encima de la media.[20]

En los países occidentales industrializados, donde predomina el individualismo (centrarse más en uno mismo que en identificarse con un grupo), le damos un gran valor a destacar.[21] Sin embargo, es imposible estar siempre por encima de la media y tener un rendimiento mejor que el de los demás. En algún momento, fracasarás. Cuando tu sentimiento de valía personal depende de tener éxito en las áreas de la vida que te importan (por ejemplo, si tus logros profesionales son los que te hacen sentirte orgulloso, tu valía personal dependerá del éxito en tu trabajo), tu autoestima podría derrumbarse ante un fracaso.[22] Aunque desde hace mucho tiempo vemos como algo positivo tener una gran autoestima, en realidad esta es el resultado de tus logros más que su causa.[23] Por eso, una autoestima inflada puede hacerte muy vulnerable si alguna vez tropiezas con las dificultades inevitables de la vida. Si tu actitud es muy egocéntrica, los fracasos te harán mucho daño.

El egocentrismo daña tu salud y tu bienestar emocional

Además de dañar tu carrera profesional, el egocentrismo afecta negativamente a tu salud física y fisiológica. Una serie de estudios reveladores mostraron que el egocentrismo, medido por la frecuencia con la que una persona utilizaba el pronombre singular de la primera persona (es decir, *yo, me, mi, conmigo*),* guardaba relación con una presión arterial más elevada y un aumento de la arterosclerosis coronaria y predecía el riesgo de enfermedad cardiaca y mortalidad. Los investigadores descubrieron que en la mayoría de los casos

---

* N. del T.: en inglés, el pronombre acompaña siempre al verbo.

estos resultados se mantenían incluso al controlarlos estadísticamente teniendo en cuenta factores habituales de riesgo como el tabaquismo, el colesterol y la edad.[24]

Psicológicamente, el egocentrismo está estrechamente ligado a emociones negativas,[25] depresión[26] y especialmente ansiedad.[27] De hecho, los niveles de ansiedad y depresión están relacionados con actividad en la parte del cerebro responsable de los pensamientos sobre uno mismo.[28] Otra repercusión psicológica del egocentrismo es el aislamiento social. Después de todo, ¿quién quiere estar con alguien que no hace más que pensar en sí mismo? Según Twenge, como el egocentrismo perjudica a las relaciones personales y profesionales, a la larga causa depresión.

A su vez, la falta de conexión social originada por un egocentrismo exagerado puede acarrear consecuencias graves para la salud. En 1988, James S. House, profesor de la Universidad de Míchigan, dirigió un estudio histórico que investigaba el impacto de las relaciones personales sobre la salud. Descubrió que la falta de relaciones sociales «constituye un factor importante de riesgo para la salud, comparable al efecto de otros factores demostrables como el tabaquismo, la presión arterial, los lípidos sanguíneos, la obesidad y la baja actividad física».[29]

Es más, según el estudio de House y otras investigaciones, el aislamiento social parece acelerar el declive fisiológico del envejecimiento.[30] Tendemos a ser conscientes de los aspectos básicos de la salud: comer verduras, ir al gimnasio y descansar adecuadamente, pero con frecuencia pasamos por alto la importancia de la conexión social, una sensación positiva de conexión con los demás. La soledad se ha asociado a un mayor riesgo de enfermedad, envejecimiento fisiológico y mortalidad a una edad más temprana. También se ha asociado a los mismos riesgos cardiovasculares relacionados con el uso excesivo de la primera persona del singular. De hecho, la soledad se asocia incluso al aumento de inflamación a nivel celular y al debilitamiento de la respuesta inmunitaria.[31] Por último, daña el bienestar orgánico, incrementando la sensación de estrés fisiológico.[32]

Aunque vivir centrado en uno mismo está relacionado con malos resultados tanto a nivel personal como profesional, pensar en los demás, es decir, centrarse en los otros, especialmente de una forma humanitaria, comporta tremendos beneficios.

ALCANZAR EL ÉXITO A TRAVÉS DE LA SOLIDARIDAD

Aunque, de hecho, la teoría de que tienes que mirar únicamente por ti mismo para alcanzar el éxito en lugar de ayudarte te perjudica, lo contrario —la idea de que *para triunfar hay que pensar más en los demás*— conduce a resultados positivos que están respaldados por la ciencia.

La solidaridad es lo contrario del egocentrismo. De hecho, consiste en centrarse profundamente en los demás. Implica sentir empatía por el dolor de alguien y tratar de ayudarle de alguna manera. La empatía es un mecanismo emocional y fisiológico por medio del cual entendemos la emoción de otro. Es el sentimiento que nos impulsa a decir: «*Entiendo* cómo te sientes». La solidaridad consiste en sentir empatía por el dolor de alguien y desear aliviar ese dolor. Implica sensibilidad ante el sufrimiento de los demás y el deseo de ayudarles sin juzgarlos.[33]

Mucha gente cree que mirar principalmente por uno mismo es algo innato, pero la investigación realizada con niños y animales prueba que están equivocados. Estos estudios demuestran que en realidad la solidaridad es un instinto natural. Incluso las ratas sienten el impulso de empatizar con uno de sus congéneres que está sufriendo y acuden expresamente a ayudarlo para sacarlo de apuros.[34] Los estudios realizados por el prestigioso Instituto Max Planck de Alemania, sugieren que la solidaridad es un rasgo innato tanto en los seres humanos como en los animales. Una serie de experimentos fascinantes demostró que tanto los chimpancés como los niños muy pequeños para haber aprendido las normas de educación trataban espontáneamente de ayudar a quienes lo necesitaban, aunque tuvieran que superar obstáculos para hacerlo.[35]

Solemos enorgullecernos de lo independientes que somos y de bastarnos por nosotros mismos. Sin embargo, de raíz, somos criaturas profundamente sociales.

Brené Brown, profesora de la Facultad de Trabajo Social de la Universidad de Houston, centra su investigación en la conexión social: «Todos necesitamos una sensación profunda de amor y de pertenencia —explica—. Estamos programados biológica, cognitiva, física y espiritualmente para amar, ser amados y pertenecer. Cuando esas necesidades no se satisfacen, no funcionamos como deberíamos. Nos hundimos, nos aletargamos, nos destrozamos, nos sentimos heridos y hacemos daño a los demás, enfermamos».[36] Quizá creamos que queremos dinero, poder, fama, belleza, juventud eterna o un coche nuevo, pero en la raíz de esos deseos hay una necesidad de pertenecer, de ser aceptados, de conectar con los demás.

Piensa en lo doloroso que es sentir lo contrario de ese sentimiento de conexión: la soledad, o aún peor, el rechazo, ya sea personal, profesional o sentimental. El rechazo produce un dolor inmenso. Es tan insoportable que cuando experimentamos el rechazo social, se activan las mismas partes del cerebro que cuando sentimos el dolor físico.[37] El estrés producido por un conflicto en las relaciones (laborales o de otro tipo) es tan perjudicial que causa un incremento de los niveles de inflamación del cuerpo.[38] Experimentamos la conexión social de la solidaridad como algo maravilloso, tanto a nivel psicológico como físico, y la soledad y el rechazo como devastadores.

Aunque no siempre le damos prioridad a la solidaridad, comprendemos intuitivamente que nos llena. En

Stanford realizamos un estudio en el que preguntamos a quinientas personas: «¿Qué te hace sentirte feliz?». Piensa un momento en cómo podrías responder esta pregunta. Luego replanteamos la pregunta: «Si tuvieras solo tres días de vida, ¿qué harías durante ese tiempo?». Antes de seguir leyendo, vuelve a pensar en lo que responderías.

Quizá lo hayas adivinado. En el primer lugar de ambas listas, las respuestas más populares eran pasar tiempo con los seres queridos y ayudar a los demás. Aunque tal vez no vivamos así, sabemos intuitivamente que nuestras conexiones con otros son la parte más importante de nuestras vidas.

¿Alguna vez has tenido un mal día en el que todo parecía ir fatal y de repente recibiste una llamada de un amigo o un familiar que necesitaba desesperadamente tu ayuda? De pronto estabas concentrado en el bienestar de esa persona. Procurabas hacer todo lo posible para ayudarle a solucionar su problema. ¿Qué le ocurrió a tu mal día? Les he hecho esta pregunta a muchos de los participantes de mis talleres, y siempre responden lo mismo: su día mejoró. De repente se sentían llenos de energía, vivos, incluso felices. Pasas de estar ensimismado a cuidar a otra persona y de sentirte hundido a estar lleno de vigor y positividad. A través del sentimiento de solidaridad entras en contacto con todo tu potencial de fuerza, poder y vitalidad. Por medio de la solidaridad, encuentras tu propósito.

Cuando nuestro cerebro pasa de un estado de ensimismamiento y estrés a otro en el que amamos, cuidamos y conectamos, la frecuencia cardiaca baja, el tono vagal (nuestra capacidad de relajarnos y volver a la normalidad tras algún episodio estresante) se fortalece y segregamos hormonas que son fundamentales para conectar y establecer lazos, como la oxitocina. En este nuevo estado nos sentimos a nuestras anchas. No solo queremos más a los demás, sino que también nosotros nos sentimos más profundamente queridos y más positivos.

Todos sabemos lo bien que nos sentimos al recibir un acto de bondad o generosidad. Pero actuar con humanidad nos hace sentir tan bien, si no mejor, que recibir algo. Esa es la razón por la que la gente se esfuerza en ayudar a los demás aunque, desde un punto de vista egoísta, no sea lo que más le convenga. Es por eso por lo que un 25% de los estadounidenses trabajó voluntariamente para alguna causa benéfica en 2014 (un porcentaje que apenas ha variado durante los últimos años).[39] O por lo que, por término medio, donan un 3% de su salario anual, con un porcentaje incluso mayor de donaciones por parte de los individuos de clase media y baja.[40] O por lo que la gente se para en la carretera en mitad de la lluvia para ayudar a alguien que ha sufrido una avería. O por lo que le damos de comer a un gato callejero.

Un estudio con imágenes cerebrales mostró que los «centros de placer» del cerebro (las regiones neuronales que permanecen activas cuando experimentamos placer) se encuentran igualmente activos cuando recibimos dinero y cuando vemos cómo se destina dinero a una obra benéfica.[41] En otro estudio, se les dio a los participantes una suma de dinero y se les pidió que se lo gastaran en sí mismos o en los demás.[42] Quienes gastaron el dinero en otros e sentían más felices. El equipo de investigación descubrió también que a los niños de tan solo dos años, darles golosinas a otros les hace sentir más felices que recibirlas.[43] El equipo de investigación que llevó a cabo estos estudios descubrió que estos resultados se mantienen sea cual sea la cultura a la que pertenecen los niños, independientemente de si sus países son ricos o pobres. No hay duda de que estamos programados para querer a los demás, y de que esto nos hace más felices y más plenos.

La ciencia nos demuestra que venimos «programados» de nacimiento para mirar por aquellos que nos rodean y tratarlos bien; en ese caso, ¿por qué oímos siempre que el interés propio es el principal motivador? En gran parte porque los economistas se han encargado de propagar esa idea. Un estudio mostró que los estudiantes que se especializaban en economía tendían a actuar de una forma más egoísta porque en su formación académica habían sido expuestos repetidamente a esta teoría.[44] Otro estudio sugiere que la gente tiene de manera natural una inclinación a ayudar a los demás pero no siguen sus inclinaciones debido a la «norma del propio interés», la teoría de que todos actuamos egoístamente. ¿Por qué? Porque les preocupa que otros crean que están ayudándolos por algún motivo egoísta y, por lo tanto, buscando algo a cambio.

LA SOLIDARIDAD CONDUCE AL ÉXITO

Drake, del que te hablé al principio de este capítulo, es una persona generosa y feliz que vive para los demás. Intenta ayudar a otros siempre que puede. Él y su esposa apoyan varias causas que buscan mejorar las vidas de los niños de todo el mundo en situación de riesgo debido a la pobreza y la violencia. Su vida rebosa bondad.

Por eso cuando entró en Bearn Stearns, se quedó asombrado al ver lo mal que los demás directores ejecutivos trataban a sus subalternos: analistas, asociados y subdirectores. Solo velaban por su propio interés y exprimían a sus subalternos haciéndoles trabajar sin descanso, incluso de forma abusiva. Por ejemplo, tras volver de un fin de semana en los Hamptons,[*] insistían en que el personal acudiera a trabajar a las once de la noche del domingo y completara una disertación o un informe escrito para la mañana siguiente, a pesar de que el cliente no lo esperaba hasta varios días más tarde. Después de esto, el personal debía seguir trabajando durante el resto del siguiente día.

---

[*] N. del T.: Un grupo de pequeñas aldeas y pueblos al este de Long Island, en el estado de Nueva York, conocido por ser el sitio de vacaciones para los estadounidenses más ricos.

Además de competir por bonificaciones y clientes, los directores ejecutivos de Bear Stearns tenían que competir por reclutar los mejores empleados para sus proyectos. Estos sabían que lo iban a pasar muy mal trabajaran para quien trabajasen, por eso tendían a alinearse con los directores ejecutivos que tenían un historial de conseguir los mejores contratos para poder obtener bonificaciones más sustanciosas. Cuando Drake entró en Bear Stearns, los empleados no le conocían y no tenían ningún motivo para unirse a su equipo.

A pesar del ambiente deshumanizado que reinaba en la empresa, Drake estaba decidido a permanecer fiel a sus valores. Trataba a los subalternos con humanidad y respeto y les brindaba oportunidades que ni siquiera habrían imaginado que fueran posibles. Por ejemplo, los subalternos rara vez, o más bien nunca, eran invitados a una reunión con un cliente. Solo los subdirectores acompañaban a los directores ejecutivos. Sin embargo, Drake, invitaba incluso a los miembros más bajos en el escalafón de su equipo y les encomendaba responsabilidades importantes.

Para una de las negociaciones Drake únicamente consiguió convencer para que trabajara con él a una analista. Le dijo: «Creo que tenemos muchas probabilidades de conseguir este contrato y solo nosotros dos podemos realizar este trabajo. Eso significa que tendrás que ejercer el papel de analista, colaboradora y subdirectora, y lanzar esta OPV (oferta pública de venta).

Conocerás de primera mano lo que es ser subdirectora en una de las OPV más excitantes del año». No solo invitó a la analista (que de otra manera nunca habría participado en una reunión con un cliente), sino que la formó y le dio la oportunidad de presentarse al cliente. Más tarde, cuando esta analista solicitó su ingreso en la escuela de negocios, tenía una experiencia que superaba con mucho la de cualquiera de los demás analistas.

Como esa OPV resultó ser una de las mejores del año, y los demás subalternos vieron la experiencia que obtuvo la analista, muchos se ofrecieron a trabajar con Drake. Por fin había alguien que los trataba con dignidad, no los obligaba a trabajar sin necesidad hasta el agotamiento, se preocupaba de su crecimiento profesional y les ofrecía oportunidades y experiencias como nunca se habían visto hasta entonces. Drake siguió firmando acuerdos importantes, en parte gracias a un equipo leal y trabajador. Muy pronto los demás directores ejecutivos empezaron a preguntarle: «¿Qué haces para que los mejores empleados trabajen contigo?».

Drake se ponía en el lugar de los subalternos, entendía sus problemas y aspiraciones y trabajaba con ellos con un deseo genuino de ayudarles a superarse. Por eso mantenía relaciones positivas, sinceras y amistosas con los demás y desarrollaba fuertes vínculos interpersonales. Pensar en los otros es mucho más poderoso y eficaz que pensar solo en uno mismo, y eso fue lo que ayudó a Drake a triunfar y mantener sus valores pese a estar rodeado por un entorno tóxico.

Tal y como esta historia nos muestra y la investigación verifica, la solidaridad es buena para obtener resultados, es estupenda para las relaciones humanas e inspira una lealtad duradera. Además de todo esto, estimula significativamente la salud.

La solidaridad es buena para obtener resultados

Kim Cameron y sus colegas de la Universidad de Míchigan han estudiado el efecto de actuar con solidaridad en el centro de trabajo.[45] Cameron define actuar solidariamente como:

- Preocuparse e interesarse por los compañeros de trabajo como si de amigos se tratara y mantener una actitud responsable con ellos.
- Apoyarse unos a otros, ser amable y comprensivo cuando alguien tiene dificultades.
- Animarse unos a otros.
- Darle importancia al significado del trabajo.
- Evitar culpar a nadie y olvidar los errores.
- Tratarse unos a otros con respeto, gratitud, sinceridad e integridad.

En un artículo de investigación publicado en *Journal of Applied Behavioral Science*, Cameron explica que cuando las organizaciones aplican esta manera de actuar, aumenta espectacularmente su rendimiento: «Consiguen niveles significativamente superiores de efectividad organizacional, entre otras cosas mejor rendimiento financiero, satisfacción del cliente y productividad». Añade que cuanto más solidaridad hay en el centro de trabajo, «mayor el rendimiento en rentabilidad, productividad, satisfacción del cliente y participación de los empleados».

Más aún, la investigación demuestra que los empleados felices fomentan un buen ambiente de compañerismo y crean un entorno más agradable en el trabajo.[46] Otro gran estudio sobre la atención sanitaria confirmó que un ambiente humano en el trabajo no solo aumentaba el bienestar de los empleados y su productividad sino que también mejoraba los resultados médicos y la satisfacción de los *clientes*.[47] En otras palabras, ser sensible te beneficia a ti, a tu equipo y a tus clientes, aportando mejores resultados en todos los aspectos.

La solidaridad incrementa tu estatus y tu fiabilidad

A muchos, la idea de practicar la solidaridad en su lugar de trabajo les suena rara. Al fin y al cabo, ¿no parece un poquito cursi todo esto? ¿No te hará parecer débil? En realidad, no, todo lo contrario. La investigación demuestra que más que hacerte parecer débil, los actos de amabilidad y altruismo incrementan tu estatus dentro de un grupo.[48] Plantéate la elección: si tuvieras dos individuos con el mismo talento y aptitudes, ¿por quién de los dos sentirías más respeto? ¿Con quién preferirías trabajar? ¿A quién te gustaría invitar a participar en un proyecto? Sin duda, elegirías al más solidario.

Adam Grant argumenta que la bondad y la humanidad nos benefician mucho más que el egoísmo. La gente buena consigue las cosas antes, explica, siempre que aprendan a no dejar que otros se aprovechen de ellos. En su éxito de ventas *Give and Take* [Dar y recibir], explica que, efectivamente, como muchos sospechan, los buenos salen perdiendo. Muchos de los que se preocupan por el bienestar de los demás y están pendientes de sus compañeros y empleados (el grupo al que Grant llama «dadores») no pasan de los peldaños más bajos de la escala del éxito, ya que los «tomadores» egoístas les pasan por encima. Pero aquí es donde viene la sorpresa: Grant revela que también hay muchos dadores en la misma cumbre de la escala del éxito. ¿Cómo puede ser eso?

Resulta que a los dadores se los quiere y se los aprecia más, por lo que se vuelven más influyentes. La diferencia entre dadores con éxito o sin él suele depender de la estrategia: cuando los dadores aprenden estrategias que impiden que los demás se aprovechen de ellos, sus «buenas» cualidades terminan ayudándoles a tener éxito por encima de cualquiera y en mayor medida. ¿Por qué? En parte porque a todo el mundo le encanta trabajar con ellos y los aprecia por sus cualidades de amabilidad y generosidad.

Ser solidario, además de hacerte agradable y que resulte fácil trabajar contigo, te hace fiable. La confianza es un aspecto crucial de nuestras vidas porque nos proporciona seguridad. Los jefes y los líderes determinan cómo resultará nuestro trabajo (duro y estresante o agradable y divertido) probablemente por eso somos especialmente sensibles a cualquier señal sobre la fiabilidad de nuestros líderes. Los empleados sienten más confianza trabajando con alguien, como Drake, que es amable con ellos. La profesora Amy Cuddy, de Harvard, ha demostrado que preferimos líderes cálidos en lugar de líderes que proyectan una imagen dura.[49] Por otro lado, los jefes duros nos provocan una respuesta de estrés. Aunque nuestros cerebros están programados para percibir las amenazas (ya se trate de un león furioso o un jefe enfadado), la reactividad al estrés de nuestro cerebro se reduce de manera importante cuando observamos un comportamiento amable. Como muestran los estudios de imágenes cerebrales, cuando las relaciones sociales nos parecen seguras, la respuesta de estrés del cerebro se atenúa.[50]

A su vez, la confianza incrementa el espíritu de innovación. Grant me explicó que «cuando respondes de una manera enfadada, furiosa, es menos probable que el empleado se arriesgue en el futuro por miedo a las consecuencias negativas de cometer errores. En otras palabras, matas el espíritu de experimentación que es fundamental para el aprendizaje y la innovación». Se refería a una investigación dirigida por Fiona Lee, de la Universidad de Míchigan, que demostraba que favorecer un ambiente de seguridad (en lugar de crear miedo a las consecuencias negativas) ayuda a alentar el espíritu de experimentación que es crucial para la creatividad.[51]

La investigación demuestra que a algunos les puede abrumar la idea de ayudar a alguien que está sufriendo o se encuentra en apuros. Uno puede sentir que la situación le supera y desear escapar de ella. En sus libros y en su conferencia TED, Brené Brown resume esta sensación con una palabra: *vulnerabilidad*.[52] Es difícil hacer frente al dolor de otro. Quizá te sientas incómodo mostrándote solidario con esa persona. Te hará falta recurrir a toda tu autenticidad, y no estamos acostumbrados a exhibir nuestra vulnerabilidad en el trabajo. Sin embargo, merece la pena.

Johann Berlin, director general de la empresa de consultoría sobre bienestar corporativo Transformational Leadership for Excellence,[53] me contóuna experiencia que tuvo mientras daba un taller en una empresa Fortune 100.[54] Todos los participantes provenían de niveles directivos superiores. Tras un ejercicio en el que, dispuestos en parejas, compartían un episodio de sus vidas el uno con el otro, uno de los altos directores ejecutivos se acercó a él. Visiblemente conmovido por la experiencia, dijo: «Hace más de veinticinco años que trabajo con mi colega y hasta ahora no tenía la menor idea sobre sus dificultades». Bastaron solo unos momentos de conexión auténtica y vulnerable para que la compasión de este directivo hacia su colega y la conexión entre ellos crecieran más de lo que lo habían hecho durante las décadas que llevaban trabajando juntos.

La solidaridad inspira lealtad y compromiso

Cuando vemos que alguien actúa de forma comprensiva o ayuda a los demás, experimentamos una sensación cálida y reconfortante que nos emociona (puede que incluso derramemos una lágrima o sintamos un escalofrío). El psicólogo Jonathan Haidt ha llamado apropiadamente a este estado «elevación», quizá porque durante un momento nos provoca una especie de subida.

En el trabajo, la elevación conduce a un aumento de la lealtad. Cuando Haidt y sus colegas aplicaron esta investigación sobre la elevación a un entorno empresarial,[55] descubrieron que si los líderes trataban de manera justa a sus empleados (es decir, eran educados, respetuosos y sensibles) o estaban dispuestos a sacrificar su tiempo libre, beneficios y carrera por el bien de la organización o el grupo, sus empleados experimentaban elevación. Como consecuencia de esto, se sentían más leales y comprometidos con sus jefes.

Además, la elevación parece crear un ambiente más amable a tu alrededor. Los datos de Haidt demuestran que cuando sentimos elevación tras ver cómo una persona ayuda a otra, hay más probabilidades de que hagamos algo por los demás. En el puesto de trabajo, los empleados cuyo líder evocaba un sentimiento de elevación eran más proclives a actuar de una manera servicial y amistosa con los demás empleados, aunque no ganaran nada con ello.

Otro estudio demostró que cuando los líderes eran justos, los miembros de su equipo mostraban más compañerismo y eran más productivos individualmente y como equipo.[56] En otras palabras, comportarse con humanidad puede crear un entorno de trabajo más colaborativo. Los investigadores Nicholas Christakis y James Fowler han demostrado que si eres amable, hay más probabilidades de que quienes te rodean actúen con amabilidad. La investigación sobre la noción de la «cadena de favores» indica que cuando trabajas con gente que te ayuda, tú también te sientes más inclinado a ayudar a otros (y no necesariamente a los mismos que te ayudaron).[57] En pocas palabras, la amabilidad que despliegas en tu conducta se expande a tu alrededor, multiplicando sus beneficios.

La historia de Archana *Archie* Patchirajan,[58] una ingeniera de Bangalore (el Silicon Valley de India), fundadora de una empresa de Internet, ilustra el impacto de la bondad sobre la lealtad y la colaboración. Archie, al igual que Drake, no actúa desde el egoísmo. Seguramente, su humildad es la cualidad más cautivadora que posee. Jamás habla de sus logros ni trata de hacerse con el protagonismo, sino que, por el contrario, escucha atentamente. Ofrece orientación de manera totalmente desinteresada; si puede ayudarte, lo hará. Cuando no está trabajando en ingeniería, dedica incontables horas a ayudar como voluntaria en varias organizaciones sin ánimo de lucro. En pocas palabras, es profundamente bondadosa. Es una verdadera fuente de inspiración para quienes la conocen.

El sueño del hermano de Archie, a quien ella adoraba, era fundar una empresa de Internet. Tras su trágica muerte, Archie se comprometió a llevar a cabo ese sueño en su honor. Como miles de otros fundadores de empresas esperanzados de Bangalore, comenzó a trabajar en una idea tecnológica innovadora, contrató un equipo de ingenieros y luchó sin descanso por el sueño de su hermano.

Sin embargo, con el tiempo la empresa empezó a perder dinero, y Archie comprendió que, desgraciadamente, no podía mantenerla a flote durante más tiempo. Un día llamó a todo su personal para celebrar una reunión y anunció que tenía que despedirlos porque la empresa estaba en serias dificultades y ya no podía seguir pagándoles. Sucedió algo extraño: los empleados se negaron a marcharse. Siguieron a su lado y le aseguraron que preferían trabajar por la mitad del sueldo antes que dejarla. Se esforzaron tanto que al cabo de unos cuantos años la empresa de Archie (Hubbl, que ofrece servicios de publicidad por Internet) fue vendida en Estados Unidos por 14 millones de dólares.

Cuando le pregunté a uno de los empleados de Archie que llevaban más tiempo con ella qué le impulsó a seguir a su lado, me dio las siguientes razones: «Todos trabajamos como una familia porque así es como nos trata Archie. Ella nunca deja de alentarnos. Conoce a todos los empleados de la oficina y tiene una relación personal con cada uno. No se molesta cuando cometemos errores sino que nos da tiempo para aprender a analizar y resolver la situación». Como se ve claramente en esta respuesta, la relación de Archie con sus empleados es más profunda que la relación patrón-empleado habitual. ¿Por qué? Porque en primer lugar conecta con ellos con sensibilidad y los trata como seres humanos, y en segundo como empleados. Se preocupa por ellos. Por eso permanecen fieles a ella en los buenos y en los malos momentos y se implican profundamente en su trabajo.

Como nos muestra la historia de Archie, si un jefe es realmente generoso con sus empleados, es probable que estos sigan su ejemplo y se impliquen más en su labor además de aumentar la lealtad que sienten hacia él. Puede que tú también hayas pasado por la experiencia de tener un jefe que te animaba porque estaba menos pendiente de sus propios intereses y más de los tuyos. Quizá dedicaba tiempo y energía a ayudarte a crecer sin obtener ningún beneficio a cambio. Si esa persona te llamara hoy y te pidiera ayuda, seguramente dejarías cualquier cosa que estuvieras haciendo para ayudarla.

La verdadera lealtad surge de una experiencia personal con alguien que te ha llegado al alma, no solo de un sueldo. La investigación demuestra que, en lugar de un sueldo más elevado, la gente prefiere tener compañía y reconocimiento.[59]

La lealtad que se puede comprar no es la verdadera lealtad. La lealtad que surge de nuestro interior (de una sensación de inspiración y elevación) es mucho más poderosa que la que desaparece inmediatamente ante la visión de una cantidad de dinero. Si eres un líder o un compañero de trabajo que se preocupa de verdad por los demás, estos te serán realmente leales. Si tus empleados son leales y están comprometidos con su trabajo porque tú muestras esas cualidades, seguramente no se irán aunque alguien les ofrezca más dinero.

La solidaridad es buena para la salud

No debería sorprendernos que el aumento de la confianza y las relaciones positivas genere beneficios para la salud. Al contrario que el egocentrismo, las relaciones positivas y solidarias con los demás están asociadas con:

- Un aumento de un 50% de probabilidades de un aumento de la longevidad.[60]
- Una protección contra los efectos del estrés en la salud.[61]
- Un fortalecimiento del sistema inmunitario.[62]

- Una reducción de la inflamación.[63]
- Unos índices más bajos de ansiedad y depresión.[64]

Otra razón por la que la solidaridad mejora nuestra salud es que nos ayuda a recuperarnos más rápidamente de las situaciones estresantes. Un estudio realizado con más de ochocientas personas descubrió que, en líneas generales, los niveles elevados de estrés predicen una mortalidad más temprana, *excepto* en individuos que participan en trabajos voluntarios.[65] En un estudio a largo plazo realizado con parejas de ancianos, los científicos compararon a los individuos que pasaban tiempo cuidando a otros con aquellos que eran cuidados. Los resultados demostraron que cuidar a los demás no solo mejoraba la salud general sino que alargaba la esperanza de vida.[66]

Sin embargo, de lo que realmente depende que la sensibilidad beneficie a la salud y al bienestar emocional es de la motivación de esos actos de compasión. Quienes trabajaban como voluntarios vivían más años que sus compañeros que no lo hacían, pero únicamente *si* las razones de su voluntariado eran verdaderamente altruistas. Actuar con compasión y ayudar a los demás es algo que debe surgir de un deseo genuino de ayudar, no puede ser un acto interesado.

FORTALECE EL MÚSCULO DE LA SOLIDARIDAD

Como mencioné anteriormente, la solidaridad implica ponerte en el lugar de los demás, entender las dificultades por las que pueden estar atravesando y sentir un deseo auténtico de ayudarles. El primer paso es la empatía, hacer un esfuerzo para imaginarte la situación de alguien y entender realmente cómo se siente. Drake entendió la carga que soportaban sus subalternos. Le dolía. Ser capaz de comprender lo que los demás están sintiendo, tanto si se trata de la decepción de tu jefe como de la alegría de un compañero de trabajo, puede ayudarte a tratarlos con la mayor sensibilidad y de la manera más apropiada. La consecuencia de esto es que sentirán que los tienen en cuenta, que se los entiende y se los respeta; la relación mejorará a nivel personal y profesional.

Si te fijas en las reacciones automáticas de tu cuerpo hacia los demás, verás que entiendes y respondes de manera natural a quienes te rodean. Un buen amigo entró una vez en una habitación y, sin ni siquiera pensarlo, exclamé: «¿Qué te ha ocurrido?». Me sorprendieron mis propias palabras, porque conscientemente no había notado que hubiera ningún problema. Mi amigo no estaba llorando ni actuando de ninguna manera fuera de lo normal, pero de algún modo lo supe inconscientemente. Me pidió que le abrazara y luego me contó que uno de sus mejores amigos acababa de tener un accidente mortal y se encontraba gravemente herido.

¿Cómo sabía que tenía problemas? Todos nacemos con un sistema de empatía extremadamente sensible; es más rápido y más automático que nuestra capacidad de razonar, muy parecido a un reflejo. Somos como cajas de resonancia o diapasones bien afinados. Aunque no seamos conscientes de ello, registramos fisiológicamente en nuestro interior la emoción o el dolor ajeno. Estamos programados para la empatía. Por ejemplo, cuando vemos a alguien fruncir el ceño, se activan los músculos de nuestra cara que fruncen el ceño. De esta manera, «leemos» el estado de ánimo de los demás. Sin embargo, no se trata de una imitación superficial de los músculos; también es psicológica. La investigación nos demuestra que ver la emoción de alguien activa los mismos circuitos neurales que se activan en nuestros cerebros cuando sentimos esa emoción.[67] Piensa en un momento en el que vieras llorar a un amigo y sintieras como estaban a punto de saltársete las lágrimas. O cuando alguien se ríe a carcajadas y se te contagia la risa. Nuestro reflejo de empatía es la razón por la que inconscientemente damos un paso atrás cuando vemos a alguien tropezar y caer, por la que un bebé llora cuando oye a otro llorar o por la que el pánico puede contagiarse y propagarse en un grupo. Es el motivo por el que se activan las mismas regiones del cerebro cuando sentimos dolor y cuando vemos el dolor de otro.[68] Es la explicación de que yo supiera que a mi amigo le ocurría algo desde el momento en que entró en la habitación y me sorprendiera a mí misma haciendo esa pregunta antes de haber notado conscientemente que algo parecía ir mal.

¿Cómo podemos incrementar nuestra sensibilidad hacia los demás? Como estamos programados para la empatía, lo único que tenemos que hacer es aprovechar ese reflejo de empatía que hay en nuestro interior. Puedes aprender a hacerlo de tres maneras.

Presta toda tu atención a las palabras de los demás

Cuando hables con alguien, escucha y observa al cien por cien. A través de las expresiones faciales y también del tono de voz, se comunican muchas cosas. Escucha las palabras del otro y fíjate en cómo se expresa. Observa sus expresiones faciales, especialmente los ojos. El dicho «los ojos son las ventanas del alma» encierra una gran verdad; la investigación demuestra que puedes ver las emociones de los demás a través de su mirada.[69] Un ejercicio de investigación sobre la empatía consiste en pedir a la gente que mire fotografías en las que se muestran solo los ojos de las personas y describan la emoción que ven reflejada en ellos. La inclinación del rostro, el ángulo de una ceja, los pliegues que se forman junto al ojo comunican fielmente la emoción. Al escuchar y observar al otro, podemos ponernos en su lugar y responder apropiadamente o prestarle nuestro apoyo.

Verbaliza el punto de vista del otro

Otro modo de empatizar con alguien es describir en palabras la emoción que ves que está sintiendo. La próxima vez que te enfrentes a una conversación difícil, trata de reconocer las emociones del otro. Encuentra una manera delicada de mostrarle a tu jefe que te das cuenta de que está molesto («Creo que está muy enfadado por _____ [rellena el espacio en blanco]») o que tu compañero está triste («Da la impresión de que no te encuentras muy bien; ¿puedo ayudarte?») y así podrás mejorar la relación que tienes con esa persona, ya que sentirá que le importas y que la entiendes. Es más, también te ayudará a asegurarte de entenderla correctamente. Quizá no está enfadada ni triste sino solo cansada. Si es así, puede cambiar tu percepción de ella, dándote la oportunidad de comprender lo que sucede.

Asiste a un programa de entrenamiento de la sensibilidad

Lo mismo que sucede con un músculo o un hábito, la solidaridad, es decir, la sensibilidad hacia los demás, puede fortalecerse. Los estudios sobre meditaciones de compasión (como la meditación de amor y bondad) o programas más extensos de entrenamiento de la sensibilidad, como el programa de entrenamiento de cultivo de la compasión en nueve sesiones que hemos ofrecido por medio del Centro para la Investigación y Educación de la Compasión y el Altruismo de Stanford, han demostrado beneficios importantes:

- Disminuyen las hormonas del estrés y de la inflamación, por lo que mejora el sistema inmunitario y se reducen la ansiedad y la depresión.[70]
- Mejoran la empatía. Los participantes de un entrenamiento de la sensibilidad podían reconocer mejor las expresiones faciales de emoción[71] y mostraron cambios en las áreas del cerebro relacionadas con la empatía, algo que también corroboramos mis compañeros y yo en otros estudios.[72]
- Nos hacen más amables con los demás y con nosotros mismos y más dispuestos a pedir ayuda y a ayudar a otros que lo necesitan.[73]
- Fortalecen la capacidad de la gente para regular sus emociones y la hace más resiliente ante el sufrimiento de los demás.[74]
- Funcionan rápidamente. Aunque muchos entrenamientos de la sensibilidad son extensos (nueve sesiones a lo largo de nueve semanas), mis compañeros y yo vimos cambios en el mismo momento en que se producía la interacción social en apenas siete minutos de meditación de amor y bondad.[75]

A pesar de lo que nos ha hecho creer el mito de que hay que centrarse en uno mismo, la verdad es que esa actitud obstaculiza nuestro éxito y nuestro bienestar; en cambio, centrarse en los demás utilizando para ello nuestra sensibilidad produce resultados extraordinarios. La investigación demuestra que cuando vives tu vida (ya sea en el trabajo o en casa) desde la autenticidad y el cariño, la gente empieza automáticamente a confiar en ti. Animas a los demás y eres un ejemplo para ellos, y a consecuencia de esto se sienten más cercanos y llegan a sentir devoción por ti. Además de tener más éxito, mejoras significativamente tu salud y tu bienestar psicológico. Tu influencia se extiende, al tiempo que creas un ambiente positivo que beneficia a quienes te rodean y que a ti te proporciona magníficos resultados.

RECONOCIMIENTOS

Quisiera expresar mi enorme agradecimiento a Steve Kiesling, por ayudarme a lanzar mi carrera literaria; ¡fue el primer editor en aceptarme un artículo y un estupendo mentor a partir de entonces! Y un gran abrazo a Daisy Grewal por animarme en aquellos tiempos a escribir mi columna para *Psychology Today*.

Gracias a Scott Kaufman por escribirme ese amable correo electrónico en el que me sugería que escribiera un libro y presentarme, apenas unos minutos más tarde, a esa persona llena de talento que es mi agente Giles Anderson. Giles, gracias por tu apoyo y tus consejos profundos y analíticos durante este proceso, así como por tu magnífico sentido del humor.

Gracias a Genoveva Llosa por creer en mí, por invitarme a unirme a HarperOne y por editar maravillosamente mi trabajo. Gracias también al equipo extraordinario de HarperOne: Hannah Rivera, Adia Colar, y Kim Dayman. Estoy profundamente agradecida por la oportunidad de trabajar con todos vosotros.

Gracias a Rebecca McMillen, Peter Economy, Alison Peterson, Anett Gyurak, Dara Ghahremani, Sara Persson, Kate Northey, Carly Hamilton, Cassandra Long y Jessica Waala por el fabuloso trabajo de edición y los sabios comentarios acerca del borrador.

Un agradecimiento muy especial a todas las personas maravillosas que entrevisté y que dedicaron su tiempo a compartir sus ideas; gracias por inspirarme: congresista Tim Ryan, doctor James Doty, Brené Brown, Adam Grant, Elliot Berkman, Scott Barry Kaufman, Johann Berlin, Lolly Daskall, Archana Patchirajan, Jean Twenge, Jackie Rotman, Myron Scholes, Paul Gilbert, Adam Grant, Pico Iyer, Steve Porges, Kim Cameron, Carole Pertofsky, Kristin Neff, Mike Heitmann, Sherron Lumley, Sarah Severn y Jake Dobberke.

A todos mis amigos, por su apoyo y amor a lo largo de todo este proceso, especialmente a mis queridos Debanti, Uma, Johann, Dara, Maaheem, Kelly, Anett, Priya, Karishma, Carolan, Shubhu, Bill y Leslie.

Gracias a todos los maravillosos miembros de mi familia. Especialmente a mi marido y a mis padres, por su amor y apoyo constantes e incondicionales, por no mencionar su crítica cuidadosa y cariñosa del borrador. No tengo palabras para expresar el agradecimiento que siento cada día por vosotros. Os quiero.

Por último, mi agradecimiento a esos hombres y mujeres muy especiales que a lo largo del tiempo han trabajado incansablemente para llevar la luz, el conocimiento y la compasión al mundo, sabiduría que ha pasado de unos a otros a través de los tiempos hasta este día. Sri Sri Ravi Shankar ha sido una verdadera bendición para mi vida, me ha conmovido y ha inspirado mis pensamientos.

NOTAS

Introducción

1. «Regus-Commissioned Survey Reveals Stress Levels Rising Among US Workers», Regus Group, http://www.prnewswire. com/news-releases/regus-commissioned-survey-reveals-stress-levels-rising-among-us-workers-71658307.html.

2. «Facts & Statistics», Anxiety and Depression Association of America, http://www.adaa.org/about-adaa/press-room/facts-statistics.

3. L. A. Pratt *et al.*, «Antidepressant Use in Persons Aged 12 and Over: United States, 2005-2008», *NCHS data brief* n.º 76 (Hyattsville, MD: National Center for Health Statistics, 2011), http://www.cdc.gov/nchs/data/databriefs/db76.htm.

4. «Report: State of the American Workplace», Gallup, 22 de septiembre de 2014, http://www.gallup.com/services/176708/state-american-workplace.aspx.

5. Barbara L. Fredrickson, «What Good Are Positive Emotions?», *Review of General Psychology* 2, n.º 3 (1998): 300-319, http://www. unc.edu/peplab/publications/Fredrickson%201998.pdf.

6. K. Subramaniam *et al.*, «A Brain Mechanism for Facilitation of Insight by Positive Affect», *Journal of Cognitive Neuroscience* 21 (2009): 415-432.

7. Andrew J. Oswald, «Happiness and Productivity», *Journal of Organizational Behavior* 20 (2009): 25-30, http://www2.warwick.

ac.uk/fac/soc/economics/staff/eproto/workingpapers/happiness-productivity.pdf.

8. M. Tugade y B. Fredrickson, «Resilient Individuals Use Positive Emotions to Bounce Back from Negative Emotional Experiences», *Journal of Personality and Social Psychology* 86 (2011): 320-333.

9. E. J. Boothby *et al.*, «Shared Experiences Are Amplified», *Psychological Science* 25, n.º 12 (2014): 2209-2216, DOI: 10.1177/0956797614551162.

10. Alan W. Gray *et al.*, «Laughter's Influence on the Intimacy of Self-Disclosure», *Human Nature* 26, n.º 1 (2015): 28-43, DOI: 10.1007/s12110-015-9225-8.

11. J. E. Dutton *et al.*, «Pathways for Positive Identity Construction at Work: Four Types of Positive Identity and the Building of Social Resources», *Academy of Management Review* 35 (2010): 265-293.

12. J. M. Lilius *et al.*, «The Contours and Consequences of Compassion at Work», *Journal of Organizational Behavior* 29 (2008): 193-218, DOI: 10.1002/job.508.

13. J. M. Kanov, «Compassion in Organizational Life», *American Behavioral Scientist* 47 (2004): 808-827, DOI: 10.1177/0002764203260211.

14. J. M. Lilius *et al.*, «Compassion Revealed: What We Know About Compassion at Work (and Where We Need to Know More)», en *The Handbook of Positive Organizational Scholarship*, K. Cameron y G. Spreitzer, eds. (Oxford: Oxford University Press, 2011), 273-287.

15. A. Bakker, «An Evidence-Based Model of Work Engagement», *Current Directions in Psychological Science* 20 (2011): 265-269, DOI: 10.1177/0963721411414534.

16. S. G. Barsade y D. E. Gibson, «Why Does Affect Matter in Organizations?», *Academy of Management Perspectives* 21 (2007): 36-59.

17. Nilly Mor y Jennifer Winquist, «Self-Focused Attention and Negative Affect: A Meta-analysis», *Psychological Bulletin* 128, n.º 4 (2002): 638-662, http://psycnet.apa.org/journals/bul/128/ 4/638/.

18. B. Fredrickson *et al.*, «Open Hearts Build Lives: Positive Emotions, Induced Through Loving-Kindness Meditation, Build Consequential Personal Resources», *Journal of Personality and Social Psychology* 95 (2011): 1045-1062, DOI: 10.1037/a0013262.

19. J. H. Fowler y N. A. Christakis, «Dynamic Spread of Happiness in a Large Social Network: Longitudinal Analysis over 20 Years in the Framingham Heart Study», *British Medical Journal* 337 (2008): 1-9, DOI: http://dx.doi.org/10.1136/bmj.a2338.

20. Jennifer E. Stellar *et al.*, «Positive Affect and Markers of Inflammation: Discrete Positive Emotions Predict Lower Levels of Inflammatory Cytokines», *Emotion* 15, n.º 2 (2015): 129-133, DOI: 10.1037/emo0000033; Lee S. Berk y Stanley Tan, «Mirthful Laughter, as Adjunct Therapy in Diabetic Care, Increases HDL Cholesterol and Attenuates Inflammatory Cytokines and C-RP and Possible CVD Risk», *FASEB Journal*, supl. 990.1 (2009), http://www.fasebj.org/cgi/content/meeting_abstract/23/1_MeetingAbstracts/990.1.

21. B. Fredrickson y R. Levenson, «Positive Emotions Speed Recovery from the Cardiovascular Sequelae of Negative Emotions», *Cognition and Emotion* 12 (1998): 191-220; B. Fredrickson *et al.*, «The Undoing Effects of Positive Emotions», *Motivation and Emotion* 24 (2000): 237-258.

22. «Fight Memory Loss with a Smile (or Chuckle)», *Science Daily*, 27 de abril de 2014, http://www.sciencedaily.com/releases/2014/04/140427185149.htm; Lee S. Berk y Stanley A. Tan, «[Beta]-Endorphin and HGH Increase Are Associated with Both the Anticipation and Experience of Mirthful Laughter», *FASEB Journal*, supl. A382 (2006), http://www.fasebj.org/cgi/content/meeting_abstract/20/4/A382-b.

Capítulo 1

1. Alan Watts, *The Book: On the Taboo Against Knowing Who You Are* (Knopf Doubleday Publishing, Random House Bertelsmann), 112. (Publicado en castellano por Kairós con el título *El libro del tabú*).

2. Entrevista a Jackie Rotman, 5 de junio de 2015.

3. Entrevista a Carole Pertofsky, 5 de junio de 2015.

4. Walter Mischel *et al.*, «Cognitive and Attentional Mechanisms in Delay of Gratification», *Journal of Personality and Social Psychology* 21, n.º 2 (1972): 204-218, DOI: 10.1037/h0032198.

5. Martin E. P. Seligman, *Authentic Happiness: Using the New Positive Psychology to Realize Your Potential for Lasting Fulfillment* (Nueva York:

Simon & Schuster, 2002), 120. (Publicado en castellano por Zeta Bolsillo con el título *La auténtica felicidad*).

6. Michael T. Treadway *et al.*, «Dopaminergic Mechanisms of Individual Differences in Human Effort-Based Decision-Making», *Journal of Neuroscience* 32, n.º 18 (2012): 6170-6176, DOI: 10.1523/JNEUROSCI.6459-11.2012.

7. M. D. Griffiths, «Workaholism Is Still a Useful Construct», *Addiction Research and Theory* 3 (2005): 97-100.

8. Leslie A. Perlow, «Overcome Your Work Addiction», *Harvard Business Review*, 2 de mayo de 2012, https://hbr.org/2012/05/overcome-your-work-addiction.html.

9. T. D. Wilson y D. T. Gilbert, «Affective Forecasting: Knowing What We Want», *Current Directions in Psychological Science* 14 (2005): 131-134, DOI: 10.1111/j.0963-7214.2005.00355.x.

10. Philip Brickman *et al.*, «Lottery Winners and Accident Victims: Is Happiness Relative?», *Journal of Personality and Social Psychology* 36, n.º 8 (1978): 917-927, http://psycnet.apa.org/journals/psp/36/8/917/.

11. Jean-Louis van Gelder *et al.*, «Vividness of the Future Self Predicts Delinquency», *Psychological Science* 24, n.º 6 (2013): 974-980, http://www.anderson.ucla.edu/faculty/hal.hershfield/resources/Research/VanGelderHershfieldNordgren_VividnessOfFuture-SelfDelinquencyRevision.pdf.

12. Hal Ersner-Hershfield *et al.*, «Don't Stop Thinking About Tomorrow: Individual Differences in Future Self-Continuity Account for Saving», *Judgment and Decision Making* 4, n.º 4 (2009): 280-286, http://www.anderson.ucla.edu/faculty/hal.hershfield/resources/Research/2009-Ersner-Hershfield.pdf.

13. Malissa A. Clark y Boris Baltes, «All Work and No Play? A Meta-analytic Examination of the Correlates and Outcomes of Workaholism», *Journal of Management* (2014), publicación anticipada *online*, DOI:10.1177/0149206314522301.

14. Clark y Baltes, «All Work and No Play?».

15. George Halkos y Dimitrios Bousinakis, «The Effect of Stress and Satisfaction on Productivity», *International Journal of Productivity and Performance Management* 59, n.º 5 (2010): 415-431, http://www.emeraldinsight.com/doi/abs/10.1108/17410401011052869.

16. J. Smallwood *et al.*, «Shifting Moods Wandering Minds: Negative Moods Lead the Mind to Wander», *Emotion* 9 (2009): 271-276.

17. Clark y Baltes, «All Work and No Play?».

18. Clark y Baltes, «All Work and No Play?».

19. Helene Hembrooke y Geri Gay, «The Laptop and the Lecture: The Effects of Multitasking in Learning Environments», *Journal of Computing in Higher Education* 15, n.º 1 (2003): 46-64, http://link. springer.com/article/10.1007/BF02940852#page-1.

20. E. Ophir *et al.*, «Cognitive Control in Media Multitaskers», *Proceedings of the National Academy of Sciences* 106 (2009): 15583-15587, DOI: 10.1073/pnas.0903620106.

21. Marcel Adam Just *et al.*, «A Decrease in Brain Activation Associated with Driving When Listening to Someone Speak», *Brain Research* 1205 (2008): 70-80, DOI: 10.1016/j.brainres.2007.12.075.

22. Mark W. Becker *et al.* «Media Multitasking Is Associated with Symptoms of Depression and Social Anxiety», *Cyberpsychology, Behavior, and Social Networking* 16, n.º 2 (2013): 132-135.

23. Mihály Csíkszentmihályi *et al.*, «Flow», en *Flow and the Foundations of Positive Psychology* (Dordrecht: Springer Netherlands, 2014), 227-238.

24. Csíkszentmihályi *et al.*, «Flow», 227-238.

25. Matthew A. Killingsworth y Daniel T. Gilbert, «A Wandering Mind Is an Unhappy Mind», *Science* 330, n.º 6006 (2010): 932, DOI: 10.1126/science.1192439.

26. Michael S. Franklin *et al.*, «The Silver Lining of a Mind in the Clouds: Interesting Musings Are Associated with Positive Mood While Mind-Wandering», *Frontiers in Psychology* 4 (2013): 583, DOI: 10.3389/fpsyg.2013.00583.

27. Franklin *et al.*, «The Silver Lining», 583.

28. Andrew K. Przybylski, «Can You Connect with Me Now? How the Presence of Mobile Communication Technology Influences Face-to-Face Conversation Quality», *Journal of Social and Personal Relationships* (2012), publicación anticipada *online*, DOI: 10.1177/0265407512453827.

29. Robert J. House *et al.*, «Personality and Charisma in the U.S. Presidency: A Psychological Theory of Leader Effectiveness»,

Administrative Science Quarterly 36, n.º 3 (1991): 364-396, DOI: 10.2307/2393201.

30. Reinhard Bendix, *Max Weber: An Intellectual Portrait* (Nueva York: Anchor Books, 1962), 88.

31. Kenneth J. Levine *et al.*, «Measuring Transformational and Charismatic Leadership: Why Isn't Charisma Measured?», *Communication Monographs* 77, n.º 4 (2010): 576-591, DOI: 10.1080/03637751.2010.499368.

32. E. D. Wesselmann *et al.*, «To Be Looked at as Though Air: Civil Attention Matters», *Psychological Science* 23, n.º 2 (2012): 166-168, DOI: 10.1177/0956797611427921.

33. M. Corbetta *et al.*, «A Common Network of Functional Areas for Attention and Eye Movements», *Neuron* 21, n.º 4 (1998): 761-773.

34. Ronald S. Burt, «Network Brokerage: How the Social Network Around You Creates Competitive Advantage for Innovation and Top-Line Growth, handout, Strategic Leadership in Management Networks from Chicago Booth», Chicago, IL, 2015, http://faculty.chicagobooth.edu/ronald.burt/teaching/pdfs/1brokerage.pdf.

35. Meliksah Demir *et al.*, «Looking to Happy Tomorrows with Friends: Best and Close Friendships as They Predict Happiness», *Journal of Happiness Studies* 8, n.º 2 (2007): 243-271, http://link.springer.com/article/10.1007/s10902-006-9025-2#page-1.

36. «Most Used Mind & Body Practices», National Center for Complementary and Integrative Health, https://nccih.nih.gov/research/statistics/NHIS/2012/mind-body/meditation.

37. Judson Brewer *et al.*, «Meditation Experience Is Associated with Differences in Default Mode Network Activity and Connectivity», *Proceedings of the National Academy of Sciences* 108, n.º 50 (2011): 20254-20259.

38. Annetrin Jytte Basler, «Pilot Study Investigating the Effects of Ayurvedic Abhyanga Massage on Subjective Stress Experience», *Journal of Alternative and Complementary Medicine* 17, n.º 5 (2011): 435-440, DOI: 10.1089/acm.2010.0281.

39. Daniel B. Levinson *et al.*, «A Mind You Can Count On: Validating Breath Counting as a Behavioral Measure of Mindfulness», *Frontiers in Psychology* 5 (2014): 1202, DOI: 10.3389/fpsyg.2014.01202.

40. Fred B. Bryant, «A Four-Factor Model of Perceived Control: Avoiding, Coping, Obtaining, and Savoring», *Journal of Personality* 57, n.º 4 (1989): 773-797, DOI: 10.1111/j.1467-6494.1989. tb00494.x.

41. Nick Bilton, «How to Take a Break from Your Technology», *Bits*, *New York Times*, 13 de mayo de 2013, http://bits.blogs.nytimes. com/2013/05/13/how-to-take-a-break-from-your-technolo-gy/?_r=0.

42. Timothy D. Wilson *et al.*, «Just Think: The Challenges of the Disengaged Mind», *Science* 345, n.º 6192 (2014): 75-77, DOI: 10.1126/science.1250830.

Capítulo 2

1. Michael Seamark, «Lloyds Boss Goes Sick with "Stress": Shock Departure Eight Months into Job», *Daily Mail*, noviembre de 2011, http://www.dailymail.co.uk/news/article-2056474/Llo-yds-CEO-Antonio-Horta-Osorio-takes-medical-leave.html.

2. «Definitions», *American Psychological Association and American Institute of Stress*, http://www.stress.org/daily-life/.

3. Jill Treanor, «Lloyds Chief "Did Not Sleep for Five Days"», *Guardian*, 15 de diciembre de 2011, http://www.theguardian. com/business/2011/dec/15/lloyds-chief-horta-osorio-sleeping-problems.

4. J. L. Tsai *et al.*, «Cultural Variation in Affect Valuation», *Journal of Personality and Social Psychology* 90 (2006): 288-307, DOI: 10.1037/0022-3514.90.2.288; J. L. Tsai *et al.*, «Influence and Adjustment Goals: Sources of Cultural Differences in Ideal Affect», *Journal of Personality and Social Psychology* 92 (2007): 1102-1117, DOI: 10.1037/0022-3514.92.6.1102.

5. Roman Duncko *et al.*, «Acute Exposure to Stress Improves Performance in Trace Eyeblink Conditioning and Spatial Learning Tasks in Healthy Men», *Learning and Memory* 14, n.º 5 (2007): 329-335, DOI: 10.1101/lm.483807.

6. Firdaus Dhabhar *et al.*, «Short-Term Stress Enhances Cellular Immunity and Increases Early Resistance to Squamous Cell Carcinoma», *Brain Behavior and Immunity* 24, n.º 1 (2010): 127-137, DOI: 10.1016/j.bbi.2009.09.004; F. S. Dhabhar, «Psychological

Stress and Immunoprotection Versus Immunopathology in the Skin», *Clinics in Dermatology* 31, n.º 1, (2013): 18-30, DOI:10. 1016/j.clindermatol.2011.11.003; F. S. Dhabhar *et al.*, «Effects of Stress on Immune Cell Distribution—Dynamics and Hormonal Mechanisms», *Journal of Immunology* 154 (1995): 5511-527; Dhabhar y B. S. McEwen, «Stress-Induced Enhancement of Antigen-Specific Cell-Mediated Immunity», *Journal of Immunology* 156 (1996): 2608-2615.

7. F. S. Dhabhar, «Enhancing Versus Suppressive Effects of Stress on Immune Function: Implications for Immunoprotection and Immunopathology», *Neuroimmunomodulation* 16 (2009): 300-317; F. S. Dhabhar, «Effects of Stress on Immune Function: The Good, the Bad, and the Beautiful», *Immunologic Research* 58 (2014): 193-210.

8. F. S. Dhabhar y B. S. McEwen, «Acute Stress Enhances While Chronic Stress Suppresses Immune Function in Vivo: A Potential Role for Leukocyte Trafficking», *Brain Behavior & Immunity* 11 (1997): 286-306.

9. P. H. Rosenberger *et al.*, «Surgery Stress Induced Immune Cell Redistribution Profiles Predict Short-and Long-Term Postsurgical Recovery: A Prospective Study», *Journal of Bone and Joint Surgery* 91 (2009): 2783-2794.

10. F. S. Dhabhar *et al.*, «Stress-Induced Redistribution of Immune Cells –From Barracks to Boulevards to Battlefields: A Tale of Three Hormones», *Psychoneuroendocrinology* 37 (2012): 1345-1368.

11. D. Kaufer *et al.*, «Acute Stress Facilitates Long-Lasting Changes in Cholinergic Gene Expression», *Nature* 393 (1998): 373-377, DOI: 10.1038/30741; Roman Duncko, «Acute Exposure to Stress Improves Performance in Trace Eyeblink Conditioning and Spatial Learning Tasks in Healthy Men», *Learning & Memory* 14 (2007): 329-335, DOI: 10.1101/lm.483807.

12. R. M. Yerkes y J. D. Dodson, «The Relation of Strength of Stimulus to Rapidity of Habit-Formation», *Journal of Comparative Neurology and Psychology* 18 (1908): 459-482, DOI: 10.1002/cne.920180503.

13. B. von Dawans *et al.*, «The Social Dimension of Stress Reactivity: Acute Stress Increases Prosocial Behavior in Humans», *Psychological Science* 23 (2012): 651-660, DOI: 10.1177/0956797611431576.

14. Neil Schneiderman *et al.*, «Stress and Health: Psychological, Behavioral, and Biological Determinants», *Annual Review of Clinical Psychology* 1 (2005): 607, DOI: 10.1146/annurev.clinpsy.1.102803.144141.

15. G. E. Miller *et al.*, «Psychological Stress and Antibody Response to Influenza Vaccination: When Is the Critical Period for Stress, and How Does It Get Inside the Body?», *Psychosomatic Medicine* 66 (2004): 207-214, http://www.psy.cmu.edu/~scohen/fluvacc04.pdf.

16. Sheldon Cohen *et al.*, «Chronic Stress, Glucocorticoid Receptor Resistance, Inflammation, and Disease Risk», *Proceedings of the National Academy of Sciences* 109 (2012): 5995-5999, DOI: 10.1073/pnas.1118355109.

17. E. S. Epel *et al.*, «Accelerated Telomere Shortening in Response to Life Stress», *Proceedings of the National Academy of Sciences* 101, n.º 49 (2004): 17312-17315, DOI: 10.1073/pnas.0407162101.

18. C. Kirschbaum *et al.*, «Stress and Treatment Induced Elevations of Cortisol Levels Associated with Impaired Declarative Memory in Healthy Adults», *Life Sciences* 58, n.º 17 (1996): 1475-1483; David M. Diamond *et al.*, «Psychological Stress Impairs Spatial Working Memory: Relevance to Electrophysiological Studies of Hippocampal Function», *Behavioral Neuroscience* 110, n.º 4 (1996): 661-672, DOI: 10.1037//0735-7044.110.4.661; N. Y. Oie *et al.*, «Psychosocial Stress Impairs Working Memory at High Loads: An Association with Cortisol Levels and Memory Retrieval», *Stress* 9, n.º 3 (2006): 133-141, DOI: 10.1080/10253890600965773. Ver también http://informahealthcare.com/doi/abs/10.1080/10253890600965773.

19. J. Shanteau y G. A. Dino, «Environmental Stressor Effects on Creativity and Decision Making», en *Time Pressure and Stress in Human Judgment and Decision Making*, O. Svenson y A. J. Maule, eds. (Nueva York: Plenum, 1993): 293-308, DOI: 10.1007/9781475768466; K. Byron *et al.*, «The Relationship Between Stressors and Creativity: A Meta-Analysis Examining Competing Theoretical Models», *Journal of Applied Psychology* 95 (2010): 201-212.

20. L. Mujica-Parodi *et al.*, «Chemosensory Cues to Conspecific Emotional Stress Activate the Amygdala in Humans», *PLoS One* 4, n.º 7 (2009), DOI: 10.1371/journal.pone.0006415.

21. Roy F. Baumeister *et al.*, «Bad Is Stronger Than Good», *Review of General Psychology* 5, n.º 4 (2001): 323-370, DOI: 10.1037//1089-2680.5.4.323; S. Gable y J. Haidt, «What (And Why) Is Positive Psychology», *Review of General Psychology* 9 (2005): 103-110.

22. Entrevista a Paul Gilbert, 29 de enero de 2014.

23. K. Kushlev y E. W. Dunn, «Checking E-mail Less Frequently Reduces Stress», *Computers in Human Behavior* 43 (2015), 1458-1466, DOI: 10.1016/j.chb.2014.11.005.

24. Gloria J. Mark y Stephen Voida, «A Pace Not Dictated by Electrons: An Empirical Study of Work Without E-mail», en *Proceeding of the Thirtieth Annual SIGCHI Conference on Human Factors in Computing Systems* (CHI'12) (Nueva York: ACM Press, 2012), 555-564, DOI: 10.1145/2207676.2207754.

25. Sara Radicati, ed., «E-mail Statistics Report, 2011-2015», *Radicati Group*, mayo de 2011, http://www.radicati.com/wp/wp-content/uploads/2011/05/E-mail-Statistics-Report-2011-2015-Executive-Summary.pdf.; Sara Radicati, ed., «E-mail Statistics Report, 2014-2015», *Radicati Group*, abril de 2014, http://www.radicati.com/wp/wp-content/uploads/2014/01/Email-Statistics-Report-2014-2018-Executive-Summary.pdf.

26. Baumeister *et al.*, «Bad Is Stronger Than Good»; Gable y Haidt, «Positive Psychology».

27. Ibíd.

28. Alan Schwarz, «Workers Seeking Productivity in a Pill Are Abusing A.D.H.D. Drugs», *New York Times*, 18 de abril de 2015, http://www.nytimes.com/2015/04/19/us/workers-seeking-productivity-in-a-pill-are-abusing-adhd-drugs.html?_r=0.

29. D. M. Wegner, «Ironic Processes of Mental Control», *Psychological Review* 101 (1994): 34-52, http://dx.doi.org/10.1037/0033-295X.101.1.34.

30. J. J. Gross, «Emotion Regulation: Affective, Cognitive, and Social Consequences», *Psychophysiology* 39, n.º 3 (2002): 281-291, DOI: 10.1017.S0048577201393198.

31. E. A. Butler *et al.*, «The Social Consequences of Expressive Suppression», *Emotion* 3, n.º 1 (2003): 48-67, DOI: 10.1037/1528-3542.3.1.48.

32. Thync: http://www.thync.com/.

33. Sri Sri Ravi Shankar, «5 Steps to Healthier Living», *Huffington Post*, http://www.huffingtonpost.com/sri-sri-ravi-shankar/healthier-living-new-year_b_1130296.html.

34. P. Philippot y S. Blairy, «Respiratory Feedback in the Generation of Emotion», *Cognition and Emotion* 16, n.º 5 (2002): 605-627, DOI: 10.1080/02699930143000392.

35. Philippot y Blairy, «Respiratory Feedback», 605-627.

36. Jordan Etkin *et al.*, «Pressed for Time? Goal Conflict Shapes How Time Is Perceived, Spent, and Valued», *Journal of Marketing Research* 52, n.º 3 (2015): 394-406, DOI: 10.1509/jmr.14.0130.

37. E. M. Seppälä *et al.*, «Breathing-Based Meditation Decreases Posttraumatic Stress Disorder Symptoms in U.S. Military Veterans: A Randomized Controlled Longitudinal Study», *Journal of Traumatic Stress* 27, n.º 4 (2014): 397-405, DOI: 10.1002/jts.21936.

38. «Yoga for Anxiety and Depression», *Harvard Health Publications*, 1 de abril de 2009 http://www.health.harvard.edu/mind-and-mood/yoga-for-anxiety-and-depression.

39. El programa para veteranos fue ofrecido por Project Welcome Home Troops, un proyecto de la Asociación Internacional de Valores Humanos. Se ofrecen talleres similares para los miembros de la comunidad a través de la Fundación Art of Living.

40. Entrevista a Stephen Porges, 29 de enero de 2014.

41. A. Kogan *et al.*, «Vagal Activity Is Quadratically Related to Prosocial Traits, Prosocial Emotions, and Observer Perceptions of Prosociality», *Journal of Personality and Social Psychology* 107, n.º 6 (2014), DOI: 10.1037/a0037509; Philippot y Blairy, «Respiratory Feedback», 605-627.

42. E. A. Wehrwein *et al.*, «A Single, Acute Bout of Yogic Breathing Reduces Arterial Catecholamines and Cortisol», *Journal of the Federation of American Societies for Experimental Biology*, supl. 893.16 (2012); N. Janakiramaiah *et al.*, «Therapeutic Efficacy of Sudarshan Kriya Yoga (SKY) in Dysthymic Disorder», *National Institute*

for Mental Health and Neuro Sciences Journal 17 (1998): 21-28; A. Vedamurthachar *et al.*, «Antidepressant Efficacy and Hormonal Effects of Sudarshana Kriya Yoga (SKY) in Alcohol Dependent Individuals», *Journal of Affective Disorders* 94 (2006): 249-253.

43. D. J. Plews *et al.*, «Training Adaptation and Heart Rate Variability in Elite Endurance Athletes: Opening the Door to Effective Monitoring», *Sports Med* 43, n.º 9 (2013): 773-781, DOI: 10.1007/s40279-013-0071-8.

44. G. N. Bratman *et al.*, «The Benefits of Nature Experience: Improved Affect and Cognition», *Landscape and Urban Planning* 138 (2014): 41-50, DOI: 10.1016/jlandurbplan.2015.02.005.

45. Kate E. Lee *et al.*, «40-Second Green Roof Views Sustain Attention: The Role of Micro-Breaks in Attention Restoration», *Journal of Environmental Psychology* 42 (2015): 182-189.

46. Melanie Rudd *et al.*, «Awe Expands People's Perception of Time, Alters Decision Making, and Enhances Well-Being», *Psychological Science* 23, n.º 10 (2012): 1130-1136.

47. S. Cohen *et al.*, «Does Hugging Provide Stress-Buffering Social Support? A Study of Susceptibility to Upper Respiratory Infection and Illness», *Psychological Science* 26, n.º 2 (2015): 135-147, DOI: 10.1177/0956797614559284.

48. Jeff Dominic, «Lloyds Comeback Kid Antonio Horta-Osorio Halts Rot», *Scotsman*, 11 de mayo de 2014, http://www.scotsman.com/business/management/lloyds-comeback-kid-antonio-horta-osorio-halts-rot-1-3406148.

Capítulo 3

1.   Tony Schwartz y Jim Loehr, *The Power of Full Engagement: Managing Energy, Not Time, Is the Key to High Performance and Personal Renewal* (Nueva York: Simon & Schuster), 17. (Publicado en castellano por Algaba con el título *El poder del pleno compromiso: Administrar la energía y no el tiempo es la clave*).

2.   Mike Hodges, «The 10 Most Influential Figures in MMA», *Bleacher Report*, 19 de julio de 2010, http://bleacherreport.com/articles/422132-top-10-influential-figures-in-mma/page/11.

3.   Entrevista a Mike Heitmann, 29 de noviembre de 2014.

4. C. Maslach, «Burnout: A Social Psychological Analysis», en J. W. Jones, ed., *The Professional Burnout: Recent Developments in Theory and Research* (Nueva York: Hemisphere, 1993), 20.

5. S. Jackson *et al.*, «Toward an Understanding of the Burnout Phenomenon», *Journal of Applied Psychology* 71, n.º 4 (1986): 630-640.

6. «Prevalence of Burnout, Depression, and Suicidal Ideation Among U.S. Physicians as of 2012», *Statista*, http://www.statista.com/statistics/316027/burnout-depression-and-suicidal-ideation-in-us-physicians/.

7. «Percentage of Total Burned Out Financial Professionals in Selected Countries in 2014, by Gender», *Statista*, http://www.statista.com/statistics/316061/total-burnout-in-financial-professionals-by-country-and-gender/.

8. Caroline Preston, «Burnout, Low Pay May Drive Young Charity Workers Away, Survey Finds», *Chronicle of Philanthropy*, 22 de marzo de 2007, https://philanthropy.com/article/Burnout-Low-Pay-May-Drive/178465.

9. Mayo Clinic Staff, «Job Burnout: How to Spot It and Take Action», *Mayo Clinic*, 8 de diciembre de 2012, http://www.mayoclinic.org/healthy-lifestyle/adult-health/in-depth/burnout/art-20046642.

10. Stephen E. Humphrey *et al.*, «Integrating Motivational, Social, and Contextual Work Design Features: A Meta-Analytic Summary and Theoretical Extension of the Work Design Literature», *Journal of Applied Psychology* 92, n.º 5 (2007): 1332-1356, http://psycnet.apa.org/journals/apl/92/5/1332/.

11. Entrevista a Elliot Berkman, 17 de marzo de 2015.

12. Jeanne L. Tsai *et al.*, «Cultural Variation in Affect Valuation», *Journal of Personality and Social Psychology* 90, n.º 2 (2006): 288-307, http://psycnet.apa.org/journals/psp/90/2/288/.

13. Jeanne L. Tsai *et al.*, «Influence and Adjustment Goals: Sources of Cultural Differences in Ideal Affect», *Journal of Personality and Social Psychology* 92, n.º 6 (2007): 1100-1117, DOI: 10.1037/0022-3514.92.6.1102.

14. Charlotte Vanoyen Witvliet y Scott R. Vrana, «Psychophysiological Responses as Indices of Affective Dimensions», *Psychophysiology*

32, n.º 5 (1995): 436-443, DOI: 10.1111/j.1469-8986.1995. tb02094.x.

15. Kevin N. Ochsner et al., «Rethinking Feelings: An fMRI Study of the Cognitive Regulation of Emotion», Journal of Cognitive Neuroscience 14, n.º 8 (2002): 1215-1229, http://brainimaging. waisman.wisc.edu/~perlman/0903-EmoPaper/CogRegEmoOschner.2002.pdf.

16. Oscar Wilde, I Can Resist Everything Except Temptation, and Other Quotations from Oscar Wilde, Karl Beckson, ed. (Nueva York: Columbia University Press, 1997).

17. Nansook Park et al., «Character Strengths in Fifty-Four Nations and the Fifty US States», Journal of Positive Psychology 1, n.º 3 (2006): 118-129, DOI: 10.1080/17439760600619567.

18. Kelly A. Snyder et al., «What Form of Memory Underlies Novelty Preferences?», Psychonomic Bulletin & Review 15, n.º 2 (2008): 315-321, DOI: 10.3758/PBR.15.2.315.

19. R. F. Baumeister et al., «The Strength Model of Self-Control», Current Directions in Psychological Science 16, n.º 6 (2007): 351-355.

20. R. F. Baumeister et al., «Ego Depletion: Is the Active Self a Limited Resource?», Journal of Personality and Social Psychology 74 (1998): 1252-1265.

21. Baumeister et al., «Ego Depletion», 1252-1265.

22. M. S. Hagger et al., «Ego Depletion and the Strength Model of Self-Control: A Meta-analysis», Psychological Bulletin 136, n.º 4 (2010): 495-525, DOI: 10.1037/a0019486.

23. Mark Muraven et al., «Daily Fluctuations in Self-Control Demands and Alcohol Intake», Psychology of Addictive Behaviors 19, n.º 2 (2005): 140-147, DOI: 10.1037/0893-164X.19.2.140.

24. Matthew T. Gailliot y Roy F. Baumeister, «The Physiology of Willpower: Linking Blood Glucose to Self-Control», Personality and Social Psychology Review 11, n.º 4 (2007): 303-327, DOI: 10.1177/1088868307303030.

25. Maryam Kouchaki e Isaac H. Smith, «The Morning Morality Effect: The Influence of Time of Day on Unethical Behavior», Psychological Science 25, n.º 1 (2014): 95-102, DOI: 10.1177/0956797613498099.

26. F. Gino *et al.*, «Unable to Resist Temptation: How Self-Control Depletion Promotes Unethical Behavior», *Organizational Behavior and Human Decision Processes* 115, n.º 2 (2011): 191-203.

27. D. M. Wegner, «Ironic Processes of Mental Control», *Psychological Review* 101 (1994): 34-52, http://dx.doi.org/10.1037/0033-295X.101.1.34.

28. M. Gailliot *et al.*, «Self-Control Relies on Glucose as a Limited Energy Source: Willpower Is More Than a Metaphor», *Journal of Personality and Social Psychology* 92, n.º 2 (2007): 325-336; Gailliot y Baumeister, «The Physiology of Willpower», 303-327.

29. Gailliot y Baumeister, «The Physiology of Willpower», 303-327.

30. H. Andrea *et al.*, «The Relation Between Pathological Worrying and Fatigue in a Working Population», *Journal of Psychosomatic Research* 57, n.º 4 (2004): 399-407, http://www.jpsychores.com/article/S0022-3999(04)00048-0/abstract.

31. Sidney J. Blatt *et al.*, «Dependency and Self-Criticism: Psychological Dimensions of Depression», *Journal of Consulting and Clinical Psychology* 50, n.º 1 (1982): 113-124, http://psycnet.apa.org/journals/ccp/50/1/113/.

32. Veronika Job *et al.*, «Ego Depletion —Is It All in Your Head? Implicit Theories About Willpower Affect Self-Regulation», *Psychological Science* 21, n.º 11 (2010): 1686-1693, DOI: 10.1177/0956797610384745.

33. J. J. Clarkson *et al.*, «The Impact of Illusory Fatigue on Executive Control: Do Perceptions of Depletion Impair Working Memory Capacity?», *Social Psychological and Personality Science* 2, n.º 3 (2010): 231-238, DOI: 10.1177/1948550610386628.

34. Chantal A. Arpin-Cribbie y Robert A. Cribbie, «Psychological Correlates of Fatigue: Examining Depression, Perfectionism, and Automatic Negative Thoughts», *Personality and Individual Differences* 43, n.º 6 (2007): 1310-1320, DOI: 10.1016/j.paid.2007.03.020.

35. Lorraine Maher-Edwards *et al.*, «Metacognitions and Negative Emotions as Predictors of Symptom Severity in Chronic Fatigue Syndrome», *Journal of Psychosomatic Research* 70, n.º 4 (2011): 311-317, http://www.sciencedirect.com/science/article/pii/S002239991000379X.

36. Andrew P. Hill y Thomas Curran, «Multidimensional Perfectionism and Burnout: A Meta-Analysis», *Personality and Social Psychology Review*, http://psr.sagepub.com/content/early/2015/07/25/1088868315596 286.abstract.

37. Hill y Curran, «Multidimensional Perfectionism and Burnout».

38. Thomas S. Greenspon, «Is There an Antidote to Perfectionism?», *Psychology in the Schools* 51, n.º 9 (2014): 986-998, DOI: 10.1002/pits.21797.

39. Kathleen Y. Kawamura *et al.*, «Perfectionism, Anxiety, and Depression: Are the Relationships Independent?», *Cognitive Therapy and Research* 25, n.º 25 (2001): 291-301, DOI: 10.1023/A:1010736529013.

40. Gordon L. Flett y Paul L. Hewitt, «The Perils of Perfectionism in Sports and Exercise», *Current Directions in Psychological Science* 14, n.º 1 (2005): 14-18, DOI: 10.1111/j.0963-7214.2005.00326.x.

41. Barry Schwartz *et al.*, «Maximizing Versus Satisficing: Happiness Is a Matter of Choice», *Journal of Personality and Social Psychology* 83, n.º 5 (2002): 1178-1197, DOI: 10.1037//0022-3514.83.5.1178.

42. Jeanne L. Tsai *et al.*, «Influence and Adjustment Goals: Sources of Cultural Differences in Ideal Affect», *Journal of Personality and Social Psychology* 92, n.º 6 (2007): 1100-1117, DOI: 10.1037/0022-3514.92.6.1102.

43. W. Libby *et al.*, «Pupillary and Cardiac Activity During Visual Attention», *Psychophysiology* 10 (1973): 270-294; H. T. Schupp *et al.*, «Probe P3 and Blinks: Two Measures of Affective Startle Modulation», *Psychophysiology* (1997): 34, 1-6; Philip A. Gable, «Anger Perceptually and Conceptually Narrows Cognitive Scope», *Journal of Personality and Social Psychology* (próximamente); Eddie Harmon-Jones *et al.*, «Does Negative Affect Always Broaden the Mind? Considering the Influence of Motivational Intensity on Cognitive Scope», *Current Directions in Psychological Science* 22, n.º 4 (2013): 301-307, DOI: 10.1177/0963721413481353; Yaniv Hanoch y Oliver Vitouch, «When Less Is More: Information, Emotional Arousal and the Ecological Reframing of the Yerkes-Dodson Law», *Theory & Psychology* 14, n.º 4 (2004): 427-452, DOI: 10.1177/0959354304044918.

44. N. A. S. Farb *et al.*, «Attentional Modulation of Primary Inte-roceptive and Exteroceptive Cortices», *Cerebral Cortex* 23, n.º 1: 114-126. DOI: 10.1093/cercor/bhr385.

45. Entrevista a Sarah Severn, 6 de agosto de 2015.

46. M. Friese *et al.*, «Mindfulness Meditation Counteracts Self-Control Depletion», *Consciousness and Cognition* 21, n.º 2 (2012): 1016-1022.

47. Stefan G. Hofman *et al.*, «The Effect of Mindfulness-Based The-rapy on Anxiety and Depression: A Meta-Analytic Review», *Jour-nal of Consulting and Clinical Psychology* 78, n.º 2 (2010): 169-183, http://psycnet.apa.org/?&fa=main.doiLanding&doi=10.1037/a0018555; Antoine Lutz *et al.*, «Regulation of the Neural Cir-cuitry of Emotion by Compassion Meditation: Effects of Me-ditative Expertise», *PLoS ONE* 3, n.º 3 (2008): 1897, DOI: 10.1371/journal.pone.0001897; Rimma Teper *et al.*, «Inside the Mindful Mind: How Mindfulness Enhances Emotion Re-gulation Through Improvements in Executive Control», *Current Directions in Psychological Science* 22, n.º 6 (2013): 449-454, DOI: 10.1177/0963721413495869.

48. E. Harmon-Jones y C. K. Peterson, «Supine Body Position Reduces Neural Response to Anger Evocation: Short Re-port», *Psychological Science* 20, n.º 10 (2009): 1209-1210, DOI: 10.1111/j.1467-9280.2009.02416.x.

49. Eileen Luders *et al.*, «The Underlying Anatomical Correlates of Long-Term Meditation: Larger Hippocampal and Frontal Volu-mes of Gray Matter», *Neuroimage* 45 (2009): 672-678.

50. D. M. Tice *et al.*, «Restoring the Self: Positive Affect Helps Im-prove Self-Regulation Following Ego Depletion», *Journal of Ex-perimental Social Psychology* 43, n.º 3 (2007): 379-384, DOI: 10.1016/j.jesp.2006.05.007.

51. M. Friese y M. Wänke, «Personal Prayer Buffers Self-Control De-pletion», *Journal of Experimental Social Psychology* 51 (2014): 56-59.

52. A. Grant, «Employees Without a Cause: The Motivatio-nal Effects of Prosocial Impact in Public Service», *Internatio-nal Public Management Journal*, vol. 11 (2008), 48-66, DOI: 10.1080/10967490801887905.

53. Akihito Shimazu *et al.*, «Do Workaholism and Work Engagement Predict Employee Well-Being and Performance in Opposite Directions?», *Industrial Health* 50 (2012): 316-321, https://www.jstage.jst.go.jp/article/indhealth/50/4/50_MS1355/_pdf.

54. David DeSteno *et al.*, «Gratitude: A Tool for Reducing Economic Impatience», *Psychological Science* 25, n.º 6 (2014): 1262-1267, DOI: 10.1177/0956797614529979.

55. S. Sonnentag *et al.*, «Did You Have a Nice Evening? A Day-Level Study on Recovery Experiences, Sleep, and Affect», *Journal of Applied Psychology* 93 (2008): 674-684.

56. Entrevista con Sherron Lumley, 15 de abril de 2015.

57. S. Sonnentag *et al.*, «Job Stressors, Emotional Exhaustion, and Need for Recovery: A Multi-source Study on the Benefits of Psychological Detachment», *Journal of Vocational Behavior* 76 (2010): 355-365.

58. N. Feuerhahn *et al.*, «Exercise After Work, Psychological Mediators, and Affect: A Day-Level Study», *European Journal of Work and Organizational Psychology* 23 (2014): 62-79.

59. S. Kaplan y M. G. Berman, «Directed Attention as a Common Resource for Executive Functioning and Self-Regulation», *Perspectives on Psychological Science* 5 (2010): 43-57.

60. V. Hahn *et al.*, «The Role of Partners for Employees' Recovery During the Weekend», *Journal of Vocational Behavior* 80 (2012): 288-298.

Capítulo 4

1. Entrevista a Myron Scholes, 8 de febrero de 2014.

2. David Z. Hambrick *et al.*, «Deliberate Practice: Is That All It Takes to Become an Expert?», *Intelligence* 45 (2014): 34-45, DOI:10.1016/j.intell.2013.04.001.

3. «84 Percent of Executives Have Canceled a Vacation Due to "Demands at Work" According to Korn Ferry Survey», *Korn Ferry*, 13 de junio de 2014, http://www.kornferry.com/press/15179/.

4. Brandon Rottinghaus y Justin Vaughn, «New Ranking of U.S. Presidents Puts Lincoln at No. 1, Obama at 18; Kennedy Judged Most Overrated», *Washington Post*, 16 de febrero de 2015, http://www.washingtonpost.com/blogs/monkey-cage/wp/2015/02/16/

new-ranking-of-u-s-presidents-puts-lincoln-1-obama-18-kennedy-judged-most-over-rated/.

5. «1000+ Reasons to Like Ike», *Golf Digest*, abril de 2008, http://www.golfdigest.com/golf-tours-news/2008-04/ike.

6. «IBM 2010 Global CEO Study: Creativity Selected as Most Crucial Factor for Future Success», *IBM*, 18 de mayo de 2010, https://www-03.ibm.com/press/us/en/pressrelease/31670.wss.

7. W. Bernard Carlson, «Inventor of Dreams», *Scientific American* 78 (marzo de 2015), http://www.teslauniverse.com/nikola-tesla-article-inventor-of-dreams.

8. Arthur I. Miller, «A Genius Finds Inspiration in the Music of Another», *New York Times*, 31 de enero de 2006, http://www.nytimes.com/2006/01/31/science/31essa.html.

9. Alice Calaprice, ed., *The Expanded Quotable Einstein* (Princeton, NJ: Princeton University Press, 2000), 22, 287 y 310. (Publicado en castellano por Plataforma con el título *Albert Einstein. El Libro De Citas Definitivo*).

10. Cal Fussman, «Woody Allen: What I've Learned», *Esquire*, 8 de agosto de 2013, http://www.esquire.com/entertainment/interviews/a24203/woody-allen-0913/.

11. Elizabeth Gilbert, «Your Elusive Creative Genius», *TED Talks*, febrero de 2009, https://www.ted.com/talks/elizabeth_gilbert_on_genius/transcript?language=en.

12. Entrevista a Scott Barry Kaufman, 5 de febrero de 2014.

13. B. Baird *et al.*, «Inspired by Distraction: Mind Wandering Facilitates Creative Incubation», *Psychological Science* 23 (2012): 1117-1122, DOI: 10.1177/0956797612446024.

14. Mareike B. Wieth y Rose T. Zacks, «Time of Day Effects on Problem Solving: When the Non-Optimal Is Optimal», *Thinking & Reasoning* 17 (2011): 387-401, DOI: 10.1080/13546783.2011.625663.

15. Salvador Dalí, *50 Secrets of Magic Craftsmanship* (Nueva York: Dial Press, 1948), 36. (Publicado en castellano por Noguer y Caralt con el título *Cincuenta secretos mágicos*).

16. Entrevista a Scott Barry Kaufman, 5 de febrero de 2014.

17. Cindy Perman, «Inventions by Kids», *CNBC*, 30 de septiembre de 2011, http://www.cnbc.com/id/42497934.

18. «Famous Pablo Picasso Quotes», *Pablo Picasso: Paintings, Quotes, and Biography*, http://www.pablopicasso.org/quotes.jsp.

19. George Land, «The Failure of Success», YouTube, diciembre de 2011, https://www.youtube.com/watch?v=ZfKMq-rYtnc; basado en George Land y Beth Jarman, *Breaking Point and Beyond* (San Francisco: HarperBusiness, 1993).

20. Kyung Hee Kim, «The Creativity Crisis: The Decrease in Creative Thinking Scores on the Torrance Tests of Creative Thinking», *Creativity Research Journal* 23 (2011): 285-295, DOI: 10.1080/10400419.2011.627805.

21. Kyung Hee Kim, «Can Only Intelligent People Be Creative? A Meta-analysis», *Journal of Secondary Gifted Education* 16 (2005): 57-66, http://files.eric.ed.gov/fulltext/EJ698316.pdf.

22. Timothy D. Wilson *et al.*, «Just Think: The Challenges of the Disengaged Mind», *Science* 4 (2014): 75-77, DOI: 10.1126/science.1250830.

23. Entrevista a Scott Barry Kaufman, 5 de febrero de 2014.

24. Marily Oppezzo y Daniel L. Schwartz, «Give Your Ideas Some Legs: The Positive Effect of Walking on Creative Thinking», *Journal of Experimental Psychology* 40, n.º 4 (2014): 1142-1152.

25. Kimberly D. Elsbach y Andrew B Hargadon, «Enhancing Creativity Through "Mindless" Work: A Framework of Workday Design», *Organization Science* 17, n.º 4 (2006): 470-483.

26. Entrevista a Adam Grant, 6 de marzo de 2014.

27. Ibíd.

28. Entrevista a Myron Scholes, 8 de febrero de 2014.

29. Karim R. Lakhani *et al.*, «The Value of Openness in Scientific Problem Solving», *HBS Working Paper* 07-050, 2007, http://www.hbs.edu/faculty/Publication%20Files/07-050.pdf.

30. Cornelia Dean, «If You Have a Problem, Ask Everyone», *New York Times*, 22 de julio de 2008, http://www.nytimes.com/2008/07/22/science/22inno.html?_r=0.

31. Entrevista a Pico Iyer, 12 de enero de 2014.

32. L. Bernardi *et al.*, «Cardiovascular, Cerebrovascular and Respiratory Changes Induced by Different Types of Music in Musicians and Non-musicians: The Importance of Silence», *Heart* 92 (2006): 445-452, DOI: 10.1136/hrt.2005.064600.

33. I. Kirste *et al.*, «Is Silence Golden? Effects of Auditory Stimuli and Their Absence on Adult Hippocampal Neurogenesis», *Brain Structure and Function* 220 (2015): 1221-1228, DOI: 10.1007/s00429-013-0679-3.

34. «Recreation», *Online Etymology Dictionary*, http://www.etymonline.com/index.php?term=recreation.

35. Darya L. Zabelina y Michael D. Robinson, «Child's Play: Facilitating the Originality of Creative Output by a Priming Manipulation», *Psychology of Aesthetics, Creativity, and the Arts* 4 (2010): 57-65, http://psycnet.apa.org/index.cfm?fa=buy.optionToBuy&id=2010-03735-008.

36. Josh Dunlop, «Top 20 Most Awesome Company Offices», *Income*, http://www.incomediary.com/top-20-most-awesome-company-offices.

37. B. L. Fredrickson y C. Branigan, «Positive Emotions Broaden the Scope of Attention and Thought-Action Repertoires», *Cognition and Emotion* 19 (2011): 313-332, DOI: 10.1080/02699930441000238.

38. Correo electrónico intercambiado con Lolly Daskal, 18 de abril de 2015.

39. Entrevista a Adam Grant, 6 de marzo de 2014.

Capítulo 5

1. Carol S. Dweck, *Self-Theories: Their Role in Motivation, Personality, and Development* (Nueva York: Psychology Press, 2000), 44-51; Carol S. Dweck, «Motivational Processes Affecting Learning», *American Psychologist* 41 (n.º 10) (1986): 1040-1048, DOI: 10.1037/0003-066X.41.10.1040.

2. S. J. Blatt, «Representational Structures in Psychopathology», en *Rochester Symposium on Developmental Psychopathology: Emotion, Cognition, and Representation*, vol. 6, D. Cicchetti y S. Toth, ed. (Rochester, NY: University of Rochester Press, 1995), 1-34.

3. Carl Marziali, «Brain Has Competing Risk and Reward», *USC News*, 9 de octubre de 2008, http://news.usc.edu/29531/Brain-Has-Competing-Risk-and-Reward/.

4. «Athletes' Fear of Failure Likely to Lead to "Choke", Study Shows», *Coventry University*, 5 de agosto de 2014, http://www.

coventry.ac.uk/primary-news/athletes-fear-of-failure-likely-to-lead-to-chokestudy-shows/.

5. Kristina Neff y Emma Seppälä, «Compassion, Well-Being and the Hypoegoic Self», en *Handbook of Hypo-egoic Phenomena*, K. W. Brown y M. Leary, eds. (en prensa).

6. A. Michou *et al.*, «Enriching the Hierarchical Model of Achievement Motivation: Autonomous and Controlling Reasons Underlying Achievement Goals», *British Journal of Educational Psychology* 84, n.º 4 (2014): 650-666, DOI: 10.1111/bjep.12055.

7. Matthew S. Wood *et al.*, «Take the Money or Run? Investors' Ethical Reputation and Entrepreneurs' Willingness to Partner», *Journal of Business Venturing* 29, n.º 6 (2014): 723-740, http://dx.doi.org/10.1016/j.jbusvent.2013.08.004.

8. Roy F. Baumeister *et al.*, «Bad Is Stronger Than Good», *Review of General Psychology* 5, n.º 4 (2001): 323-370, DOI: 10.1037//1089-2680.5.4.323; S. Gable y J. Haidt, «What (And Why) Is Positive Psychology», *Review of General Psychology* 9 (2005): 103-110, DOI: 10.1037/1089-2680.9.2.103.

9. Shelly L. Gable y Jonathan Haidt, «What (and Why) Is Positive Psychology?», *Review of General Psychology* 9, n.º 2 (2005): 103-110, http://dx.doi.org/10.1037/1089-2680.9.2.103.

10. «Albert Einstein», en «Celebs Who Went from Failures to Success Stories», *CBS Money Watch*, http://www.cbsnews.com/pictures/celebs-who-went-from-failures-to-success-stories/3/; Michael Michalko, «Famous Failures», *Creativity Post*, 11 de mayo de 2012, http://www.creativitypost.com/psychology/famous_failures.

11. Carol S. Dweck y Ellen L. Leggett, «A Social-Cognitive Approach to Motivation and Personality», *Psychological Review* 85, n.º 2 (1988): 256-273, http://dx.doi.org/10.1037/0033-295X.95.2.256.

12. Adi Ignatius, «Builders and Titans: Jack Ma», *Time*, 30 de abril de 2009, http://content.time.com/time/specials/packages/article/0,28804,1894410_1893837_1894188,00.html.

13. William Mellor *et al.*, «Ma Says Alibaba Shareholders Should Feel Love, Not No. 3», *Bloomberg Business*, 9 de noviembre de 2014, http://www.bloomberg.com/news/articles/2014-11-09/ma-says-alibaba-sharehoders-should-feel-love-not-no-3.

14. Madeline Stone y Jillian D'Onfro, «The Inspiring Life Story of Alibaba Founder Jack Ma, Now the Richest Man in China», *Business Insider*, 2 de octubre de 2014, http://www.businessinsider.com/the-inspiring-life-story-of-alibaba-founder-jack-ma-2014-10.

15. Jeraldine Phneah, «8 Lessons to Learn from Jack Ma, Wealthiest Man in China», sitio web de Jeraldine Phneah, 22 de septiembre de 2014, http://www.jeraldinephneah.me/2014/09/8-lessons-to-learn-from-jack-ma.html.

16. K. D. Neff, «Self-Compassion: An Alternative Conceptualization of a Healthy Attitude Toward Oneself», *Self and Identity* 2 (2010): 85-101.

17. K. D. Neff *et al.*, «Self-Compassion and Its Link to Adaptive Psychological Functioning», *Journal of Research in Personality* 41 (2007): 139-154.

18. M. R. Leary, E. B. Tate, C. E. Adams, A. B. Allen y J. Hancock, «Self-Compassion and Reactions to Unpleasant Self-Relevant Events: The Implications of Treating Oneself Kindly», *Journal of Personality and Social Psychology* 92 (2007): 887-904.

19. L. K. Barnard y J. F. Curry, «Self-Compassion: Conceptualizations, Correlates, and Interventions», *Review of General Psychology* 15 (2011): 289-303.

20. A. MacBeth y A. Gumley, «Exploring Compassion: A Meta-analysis of the Association Between Self-Compassion and Psychopathology», *Clinical Psychology Review* 32 (2012): 545-552.

21. L. Hollis-Walker y K. Colosimo, «Mindfulness, Self-Compassion, and Happiness in Non-meditators: A Theoretical and Empirical Examination», *Personality and Individual Differences* 50 (2011): 222-227; y Neff *et al.*, «Self-Compassion and Its Link to Adaptive Psychological Functioning», 139-154.

22. J. G. Breines *et al.*, «Self-Compassion as a Predictor of Interleukin-6 Response to Acute Psychosocial Stress», *Brain, Behavior, and Immunity* 37 (2014): 109-114, DOI: 10.1016/j.bbi.2013.11.006.

23. H. Rockliff *et al.*, «A Pilot Exploration of Heart Rate Variability and Salivary Cortisol Responses to Compassion-Focused Imagery», *Clinical Neuropsychiatry* 5 (2008): 132-139.

24. S. W. Porges, «The Polyvagal Perspective», *Biological Psychology* 74 (2007): 116-143.

25. K. D. Neff *et al.*, «Self-Compassion, Achievement Goals, and Coping with Academic Failure», *Self and Identity* 4 (2005): 263-287; Neff *et al.*, «Self-Compassion and Its Link to Adaptive Psychological Functioning», 139-154.

26. K. D. Neff y S. N. Beretvas, «The Role of Self-Compassion in Romantic Relationships», *Self and Identity* 12, n.º 1 (2013): 78-98; J. Crocker y A. Canevello, «Creating and Undermining Social Support in Communal Relationships: The Roles of Compassionate and Self-Image Goals», *Journal of Personality and Social Psychology* 95 (2008): 555-575.

27. M. E. Neely *et al.*, «Self-Kindness When Facing Stress: The Role of Self-Compassion, Goal Regulation, and Support in College Students' Well-Being», *Motivation and Emotion* 33 (2009): 88-97.

28. C. E. Adams y M. R. Leary, «Promoting Self-Compassionate Attitudes Toward Eating Among Restrictive and Guilty Eaters», *Journal of Social and Clinical Psychology* 26 (2007): 1120-1144; A. C. Kelly *et al.*, «Who Benefits from Training in Self-Compassionate Self-Regulation? A Study of Smoking Reduction», *Journal of Social and Clinical Psychology* 29 (2009): 727-755; C. Magnus *et al.*, «The Role of Self-Compassion in Women's Self-Determined Motives to Exercise and Exercise-Related Outcomes», *Self and Identity* 9 (2010): 363-382.

29. M. R. Leary *et al.*, «Self-Compassion and Reactions to Unpleasant Self-Relevant Events: The Implications of Treating Oneself Kindly», *Journal of Personality and Social Psychology* 92 (2007): 887-904.

30. P. Gilbert y C. Irons, «Focused Therapies and Compassionate Mind Training for Shame and Self-Attacking», en *Compassion: Conceptualisations, Research and Use in Psychotherapy*, P. Gilbert, ed. (Londres: Routledge, 2005): 263-325.

31. «Tim Ryan», *Wall Street Journal*, http://projects.wsj.com/campaign2012/candidates/view/tim-r-yan-OH-H.

32. Robert A. Emmons y Michael E. McCullough, «Counting Blessings Versus Burdens: An Experimental Investigation of Gratitude and Subjective Well-Being in Daily Life», *Journal of Personality*

and Social Psychology 84, n.º 2 (2003): 377-389, http://dx.doi. org/10.1037/0022-3514.84.2.377; Philip C. Watkins *et al.*, «Gratitude and Happiness: Development of a Measure of Gratitude, and Relationships with Subjective Well-Being», *Social Behavior and Personality: An International Journal* 31, n.º 5 (2003): 431-451, http://dx.doi.org/10.2224/sbp.2003.31.5.431; Alex M. Wood *et al.*, «Gratitude and Well-Being: A Review and Theoretical Integration», *Clinical Psychology Review* 30, n.º 7 (2010): 890-905, DOI: 10.1016/j.cpr.2010.03.005.

33. Kennon M. Sheldon y Sonja Lyubomirsky, «How to Increase and Sustain Positive Emotion: The Effects of Expressing Gratitude and Visualizing Best Possible Selves», *Journal of Positive Psychology* 1, n.º 2 (2006): 73-82, DOI: 10.1080/17439760500510676.

34. Alex M. Wood *et al.*, «The Role of Gratitude in the Development of Social Support, Stress, and Depression: Two Longitudinal Studies», *Journal of Research in Personality* 42, n.º 4 (2008): 854-871, DOI: 10.1016/j.jrp.2007.11.003.

35. Ibíd.

36. Emily L. Polak y Michael E. McCullough, «Is Gratitude an Alternative to Materialism?», *Journal of Happiness Studies* 7, n.º 3 (2006): 343-360.

37. Tori DeAngelis, «Consumerism and Its Discontents», *American Psychological Association* 35, n.º 6 (2004): 52.

38. Alex M. Wood *et al.*, «Gratitude Influences Sleep Through the Mechanism of Pre-sleep Cognitions», *Journal of Psychosomatic Research* 66, n.º 1 (2009): 43-48, DOI: 10.1016/j.jpsychores.2008. 09.002.

39. Alex M. Wood *et al.*, «Gratitude Uniquely Predicts Satisfaction with Life: Incremental Validity Above the Domains and Facets of the Five Factor Model», *Personality and Individual Differences* 45, n.º 1 (2008): 49-54, DOI: 10.1016/j.paid.2008.02.019.

40. Sara B. Algoe *et al.*, «Beyond Reciprocity: Gratitude and Relationships in Everyday Life», *Emotion* 8, n.º 3 (2008): 425-429, http://dx.doi.org/10.1037/1528-3542.8.3.425; Sara B. Algoe y Jonathan Haidt, «Witnessing Excellence in Action: The "Other-Praising" Emotions of Elevation, Gratitude, and Admiration», *Journal of Positive Psychology* 4, n.º 2 (2009): 105-127, DOI:

10.1080/17439760802650519; Nathaniel M. Lambert *et al.*, «Benefits of Expressing Gratitude: Expressing Gratitude to a Partner Changes One's View of the Relationship», *Psychological Science* 21, n.º 4 (2010): 574-580, DOI: 10.1177/0956797610364003; Sara B. Algoe, «Find, Remind, and Bind: The Functions of Gratitude in Everyday Relationships», *Social and Personality Psychology Compass* 6, n.º 6 (2012): 455-459, DOI: 10.1111/j.1751-9004.2012.00439.

41. Michael E. McCullough *et al.*, «Is Gratitude a Moral Affect?», *Psychological Bulletin* 127, n.º 2 (2001): 249-266, http://dx.doi.org/10.1037/0033-2909.127.2.249; Michael E. McCullough *et al.*, «An Adaptation for Altruism: The Social Causes, Social Effects, and Social Evolution of Gratitude», *Psychological Science* 17, n.º 4 (2008): 281-285, DOI: 10.1111/j.1467-8721.2008.00590; Monica Y. Bartlett y David DeSteno, «Gratitude and Prosocial Behavior: Helping When It Costs You», *Psychological Science* 17, n.º 4 (2006): 319-325, DOI: 10.1111/j.1467-9280.2006.01705.

42. Robert A. Emmons y Cheryl A. Crumpler, «Gratitude as a Human Strength: Appraising the Evidence», *Journal of Social and Clinical Psychology* 19, n.º 1 (2000): 56-69, DOI: 10.1521/jscp.2000.19.1.56.

43. David DeSteno *et al.*, «Gratitude: A Tool for Reducing Economic Impatience», *Psychological Science* 25 (2014): 1262-1267, DOI: 10.1177/0956797614529979.

44. McCullough *et al.*, «Is Gratitude a Moral Affect?», 249-266; McCullough *et al.*, «Adaptation for Altruism», 281-285.

45. Adam A. Grant y Francesca Gino, «A Little Thanks Goes a Long Way: Explaining Why Gratitude Expressions Motivate Prosocial Behavior», *Journal of Personality and Social Psychology* 98, n.º 6 (2010): 946-955, DOI: 10.1037/a0017935.

46. Emiliana R. Simon-Thomas y Jeremy Adam Smith, «How Grateful Are Americans?», *Greater Good: The Science of a Meaningful Life*, 10 de enero de 2013, http://greatergood.berkeley.edu/article/item/how_grateful_are_americans.

47. Amit Bhattacharjee y Cassie Mogilner, «Happiness from Ordinary and Extraordinary Experiences», *Journal of Consumer Research* 41 (2014): 1-17.

48. Natali Moyal *et al.*, «Cognitive Strategies to Regulate Emotions— Current Evidence and Future Directions», *Frontiers in Psychology* 4 (2014): 1019, DOI: 10.3389/fpsyg.2013.01019.

49. Alex M. Wood *et al.*, «Gratitude and Well-Being: A Review and Theoretical Integration», *Clinical Psychology Review* 30, n.º 7 (2010): 890-905, DOI: 10.1016/j.cpr.2010.03.005.

Capítulo 6

1. Henry David Thoreau, *The Writings of Henry David Thoreau*, vol. 2 (Houghton Mifflin, 1906), 241.

2. Nombre cambiado para mantener el anonimato.

3. «People and Events: Herbert Spencer», *American Experience*, http:// www.pbs.org/wgbh/amex/carnegie/peopleevents/pande03.html.

4. Jennifer L. Goetz *et al.*, «Compassion: An Evolutionary Analysis and Empirical Review», *Psychological Bulletin* 136, n.º 3 (2010): 351-374, DOI: 10.1037/a0018807.

5. Sydney Ember, «Remembering Ace Greenberg, Through Good Times and Bad», *New York Times*, 25 de julio de 2014, http://dealbook.nytimes.com/2014/07/25/remembering-ace-greenberg-through-good-times-and-bad/?ref=topics.

6. Jody Shenn y Bradley Keoun, «Bear Stearns Rivals Reject FundBailout in LTCM Redux (Update 3)», *Bloomberg*, 25 de junio de 2007, http://www.bloomberg.com/apps/news?pid=newsarchive&sid=aYDTeHYnV3ms.

7. Andrew Ross Sorkin, «JP Morgan Raises Bid for Bear Stearns to $10 a share», *New York Times*, 17 de marzo de 2008, http://www.nytimes.com/2008/03/24/business/24deal-web.html?pagewanted=all.

8. J. M. Twenge *et al.*, «Egos Inflating over Time: A Cross-Temporal Meta-analysis of the Narcissistic Personality Inventory», *Journal of Personality* 76 (2008): 875-902.

9. Entrevista a Jean Twenge, 2 de junio de 2015.

10. Timothy A. Judge *et al.*, «Loving Yourself Abundantly: Relationship of the Narcissistic Personality to Self-and Other Perceptions of Workplace Deviance, Leadership, and Task and Contextual Performance», *Journal of Applied Psychology* 9, n.º 4 (2006): 762-776, DOI: 10.1037/0021-9010.91.4.762.

11. R. F. Baumeister *et al.*, «Relation of Threatened Egotism to Violence and Aggression: The Dark Side of High Self-Esteem», *Psychological Review* 103 (1996): 5-33; J. M. Twenge y W. K. Campbell, «"Isn't It Fun to Get the Respect That We're Going to Deserve?"»: Narcissism, Social Rejection and Aggression», *Personality and Social Psychology Bulletin* 29 (2003): 261-272.

12. Lisa M. Penney y Paul E. Spector, «Narcissism and Counterproductive Work Behavior: Do Bigger Egos Mean Bigger Problems?», *International Journal of Selection and Assessment* 10, n.º 1-2 (2002): 126-134, DOI: 10.1111/1468-2389.00199.

13. C. Salmivalli *et al.*, «Self-Evaluated Self-Esteem, Peer-Evaluated Self-Esteem, and Defensive Egotism as Predictors of Adolescents' Participation in Bullying Situations», *Personality and Social Psychology Bulletin* 25 (1999): 1268-1278; S. Fein y S. J. Spencer, «Prejudice as Self-Image Maintenance: Affirming the Self Through Derogating Others», *Journal of Personality and Social Psychology* 73 (1997): 31-44; J. Crocker *et al.*, «Downward Comparison, Prejudice, and Evaluations of Others: Effects of Self-Esteem and Threat», *Journal of Personality and Social Psychology* 52 (1987): 907-916.

14. R. F. Baumeister y M. R. Leary, «The Need to Belong: Desire for Interpersonal Attachments as a Fundamental Human Motivation», *Psychological Bulletin* 117, n.º 3 (1995): 497-529.

15. Entrevista a Adam Grant, 6 de marzo de 2014.

16. Kristi M. Lewis, «When Leaders Display Emotion: How Followers Respond to Negative Emotional Expression of Male and Female Leaders», *Journal of Organizational Behavior* 21, n.º 2 (2000): 221-234, DOI: 10.1002/(SICI)1099-1379(200003)21:2<221::AID-JOB36>3.0.CO; 2-0.

17. Sunday Azagba y Mesbah F. Sharaf, «Psychosocial Working Conditions and the Utilization of Health Care Services», *BMC Public Health* 11 (2011): 642, DOI: 10.1186/1471-2458-11-642.

18. R. S. Bridger *et al.*, «Occupational Stress and Employee Turnover», *Ergonomics* 56, n.º 11 (2013): 1629-1639, DOI: 10.1080/00140139.2013.836251.

19. Kristin Neff, «Self-Compassion: An Alternative Conceptualization of a Healthy Attitude Toward Oneself», *Self and Identity* 2, n.º 2 (2003): 85-101, DOI: 10.1080/15298860390129863.

20. V. Hoorens, «Self-Enhancement and Superiority Biases in Social Comparison», *European Review of Social Psychology* 4 (1993): 113-139, DOI: 10.1080/14792779343000040.

21. S. H. Heine *et al.*, «Is There a Universal Need for Positive Self-Regard?», *Psychological Review* 106 (1999): 766-794; C. Sedikides, «Assessment, Enhancement, and Verification Determinants of the Self-Evaluation Process», *Journal of Personality and Social Psychology* 65 (1993): 317-338.

22. J. Crocker *et al.*, «Contingencies of Self-Worth in College Students: Theory and Measurement», *Journal of Personality and Social Psychology* 85 (2003): 894-908.

23. R. F. Baumeister *et al.*, «Does High Self-Esteem Cause Better Performance, Interpersonal Success, Happiness, or Healthier Lifestyles?», *Psychological Science in the Public Interest* 4 (2003): 1-44.

24. L. Scherwitz y J. Canick, «Self Reference and Coronary Heart Disease Risk», en *Type A Behavior Pattern: Research, Theory, and Intervention*, K. Houston y C. R. Snyder, eds. (Nueva York: Wiley, 1988), 146-167; y L. Scherwitz *et al.*, «Self-Involvement and the Risk Factor for Coronary Heart Disease», *Advances* 2 (1985): 6-18.

25. N. Mor y J. Winquist, «Self-Focused Attention and Negative Affect: A Meta-analysis», *Psychological Bulletin* 128, n.º 4 (2002): 638-662.

26. J. F. Coutinho, «Default Mode Network Dissociation in Depressive and Anxiety States», *Brain Imaging Behavior* (2015), http://link.springer.com/article/10.1007/s11682-015-9375-7.

27. S. Tanaka *et al.*, «The Relationship Among Self-Focused Attention, Depression, and Anxiety», *Shinrigaku Kenkyu* 78, n.º 4 (2007): 365-371, http://www.ncbi.nlm.nih.gov/pubmed/18027582.

28. Coutinho, «Default Mode Network Dissociation in Depressive and Anxiety States».

29. J. S. House *et al.*, «Social Relationships and Health», *Science* 241 (1988): 540-545.

30. J. T. Hawkley y J. T. Cacioppo, «Aging and Loneliness: Downhill Quickly?», *Current Directions in Psychological Science* 16 (2007): 187-191.

31. Louise C. Hawkley y John T. Cacioppo, «Loneliness Matters: A Theoretical and Empirical Review of Consequences and

Mechanisms», *Annals of Behavioral Medicine* 40, n.º 2 (2010): 218-227, DOI: 10.1007/s12160-010-9210-8.

32. Richard M. Lee *et al.*, «Social Connectedness, Dysfunctional Interpersonal Behaviors, and Psychological Distress: Testing a Mediator Model», *Journal of Counseling Psychology* 48, n.º 3 (2001): 310-318, http://psycnet.apa.org/index.cfm?fa=buy. optionToBuy&id=2001-07409-008.

33. Jennifer L. Goetz *et al.*, «Compassion: An Evolutionary Analysis and Empirical Review», *Psychological Bulletin* 136, n.º 3 (2010): 351-374, DOI: 10.1037/a0018807.

34. Inbal Ben-Ami Bartal *et al.*, «Helping a Cagemate in Need: Empathy and Pro-social Behavior in Rats», *Science* 334, n.º 6061 (2011): 1427-1430, DOI: 10.1126/science.1210789.

35. Felix Warneken y Michael Tomasello, «Altruistic Helping in Human Infants and Young Chimpanzees», *Science* 311, n.º 5765 (2006): 1301-1303, DOI: 10.1126/science.1121448.

36. Entrevista a Brené Brown, 23 de enero de 2012.

37. Ethan Kross *et al.*, «Social Rejection Shares Somatosensory Representations with Physical Pain», *Proceedings of the National Academy of Sciences of the United States of America* 108, n.º 15 (2011): 6270-6275, DOI: 10.1073/pnas.1102693108.

38. G. M. Slavich *et al.*, «Neural Sensitivity to Social Rejection Is Associated with Inflammatory Responses to Social Stress», *Proceedings of the National Academy of Sciences of the United States of America* 107, n.º 33 (2010): 14817-14822, DOI: 10.1073/pnas.1009164107.

39. «Volunteering in the United States, 2014», *Bureau of Labor Statistics*, 25 de febrero de 2015, http://www.bls.gov/news.release/volun.nr0.htm.

40. Paul K. Kraus *et al.*, «Having Less, Giving More: The Influence of Social Class on Prosocial Behavior», *Journal of Personality and Social Psychology* 99, n.º 5 (2010): 771-784, http://socrates.berkeley.edu/~keltner/publications/piff.2010.pdf.

41. J. Moll *et al.*, «Human Fronto-Mesolimbic Networks Guide Decisions About Charitable Donation», *Proceedings of the National Academy of Sciences* 103, n.º 42 (2006): 15623-15628.

42. Elizabeth W. Dunn et al., «Spending Money on Others Promotes Happiness», Science 319, n.º 5870 (2008): 1687-1688, DOI: 10.1126/science.1150952.

43. L. B. Aknin et al., «Giving Leads to Happiness in Young Children», PLoS ONE 7, n.º 6 (2012): e39211, DOI: 10.1371/journal.pone.0039211.

44. Robert H. Frank et al., «Does Studying Economics Inhibit Cooperation?», Journal of Economic Perspectives 7, n.º 2 (1993): 159-171, DOI: 10.1257/jep.7.2.159.

45. Kim Cameron et al., «Effects of Positive Practices on Organizational Effectiveness», Journal of Applied Behavioral Science 47, n.º 3 (2011): 266-308, DOI: 10.1177/0021886310395514.

46. Sigal Barsade y Donald E. Gibson, «Why Does Affect Matter in Organizations?», Academy of Management Perspectives 21 (2007): 36-59, http://www.donaldegibson.com/files/Why Does Affect Matter.pdf.

47. Sigal G. Barsade y Olivia A. O'Neill, «What's Love Got to Do with It? A Longitudinal Study of the Culture of Companionate Love and Employee and Client Outcomes in the Long-Term Care Setting», Administrative Science Quarterly 20, n.º 20 (2014): 1-48, DOI: 10.1177/0001839214538636.

48. Charlie L. Hardy y Mark Van Vugt, «Nice Guys Finish First: The Competitive Altruism Hypothesis», Personality and Social Psychology Bulletin 32, n.º 10 (2006): 1402-1413, DOI: 10.1177/014 6167206291006.

49. Amy J. C. Cuddy et al., «Connect, Then Lead», Harvard Business Review (julio-agosto de 2013), https://hbr.org/2013/07/connect-then-lead/ar/1.

50. Luke Norman et al., «Attachment-Security Priming Attenuates Amygdala Activation to Social and Linguistic Threat», Social Cognitive and Affective Neuroscience 10, n.º 6 (2015): 832-839, DOI: 10.1093/scan/nsu127.

51. Fiona Lee et al., «The Mixed Effects of Inconsistency on Experimentation in Organizations», Organization Science 15, n.º 3 (2004): 310-326, http://pubsonline.informs.org/doi/abs/10.1287/orsc.1 040.0076?journalCode=orsc.

52. Brené Brown, «The Power of Vulnerability», *TED Talks*, junio de 2010, https://www.ted.com/talks/brene_brown_on_vulnerability?language=en.

53. *Transformational Leadership for Excellence*, http://tlexinstitute.com/.

54. Entrevista a Johann Berlin, 15 de noviembre de 2014.

55. Michelangelo Vianello *et al.*, «Elevation at Work: The Effects of Leaders' Moral Excellence», *Journal of Positive Psychology* 5, n.º 5 (2010): 390-411, DOI: 10.1080/17439760.2010.516764.

56. Tianjiao Qiu *et al.*, «The Effect of Interactional Fairness on the Performance of Cross-Functional Product Development Teams: A Multilevel Mediated Model», *Journal of Product Innovation Management* 26, n.º 2 (2009): 173-187, DOI: 10.1111/j.1540-5885.2009.00344.x.

57. Wayne E. Baker y Nathaniel Bulkley, «Paying It Forward Versus Rewarding Reputation: Mechanisms of Generalized Reciprocity», *Ross School of Business Paper* n.º 1236, Organization Science (2014), http://papers.ssrn.com/sol3/papers.cfm?abstract_id=2429752.

58. Entrevista a Archana Patchirajan, 28 de noviembre de 2014.

59. «Britain's Workers Value Companionship and Recognition over a Big Salary, a Recent Report Revealed», *AAT*, https://www.aat.org.uk/about-aat/press-releases/britains-workers-value-companionship-recognition-over-big-salary.

60. J. Holt-Lunstad *et al.*, «Social Relationships and Mortality Risk: A Meta-analytic Review», *PLoS Med.* 7, n.º 7 (2010): 31000316, DOI: 10.1371/journal.pmed.1000316.

61. Sheldon Cohen y Thomas Ashby Wills, «Stress, Social Support, and the Buffering Hypothesis», *Psychological Bulletin* 98, n.º 2 (1985): 310-357, http://lchc.ucsd.edu/MCA/Mail/xmcamail.2012_11.dir/pdfYukILvXsL0.pdf.

62. Sarah D. Pressman *et al.*, «Loneliness, Social Network Size and Immune Response to Influenza Vaccination in College Freshmen», *Health Psychology* 24, n.º 3 (2005): 297-306, DOI: 10.1037/0278-6133.24.3.297.

63. L. C. Hawkley *et al.*, «Effects of Social Isolation on Glucocorticoid Regulation in Social Mammals», *Hormones & Behavior* 62 (2012): 314-323, DOI: 10.1016/j.yhbeh.2012.05.011.

64. Richard M. Lee *et al.*, «Social Connectedness, Dysfunctional Interpersonal Behaviors, and Psychological Distress: Testing a Mediator Model», *Journal of Counseling Psychology* 48, n.º 3 (2001): 310-318, http://psycnet.apa.org/index.cfm?fa=buy.optionToBuy&id=2001- 07409-008.

65. Michael J. Poulin *et al.*, «Giving to Others and the Association Between Stress and Mortality», *American Journal of Public Health* 103, n.º 9 (2013): 1649-1655, DOI: 10.2105/AJPH.2012.300876.

66. S. L. Brown *et al.*, «Caregiving Behavior Is Associated with Decreased Mortality Risk», *Psychological Science* 20, n.º 4 (2009): 488-494, DOI: 10.1111/j.1467-9280.2009.02323.x.

67. Paula M. Niedenthal, «Embodying Emotion», *Science* 316, n.º 5827 (2007): 1002-1005, DOI: 10.1126/science.1136930.

68. Philip L. Jackson *et al.*, «How Do We Perceive the Pain of Others? A Window into the Neural Processes Involved in Empathy», *NeuroImage* 24, n.º 3 (2005): 771-779, DOI: 10.1016/j.neuroimage.2004.09.006.

69. Simon Baron-Cohen *et al.*, «The "Reading the Mind in the Eyes" Test Revised Version: A Study with Normal Adults, and Adults with Asperger Syndrome or High-Functioning Autism», *Journal of Child Psychology and Psychiatry* 42, n.º 2 (2001): 241-251, DOI: 10.1111/1469-7610.00715.

70. B. L. Fredrickson *et al.*, «Open Hearts Build Lives: Positive Emotions, Induced Through Loving-Kindness Meditation, Build Consequential Personal Resources», *Journal of Personality and Social Psychology* 95, n.º 5 (2008): 1045-1062, DOI: 10.1037/a0013262; T. W. Pace *et al.*, «Effect of Compassion Meditation on Neuroendocrine, Innate Immune and Behavioral Responses to Psychosocial Stress», *Psychoneuroendocrinology* 34 (2009): 87-98, DOI: 10.1016/j.psyneuen.2008.08.011; T. W. Pace *et al.*, «Engagement with Cognitively-Based Compassion Training Is Associated with Reduced Salivary C-Reactive Protein from Before to After Training in Foster Care Program Adolescents», *Psychoneuroendocrinology* 38 (2013): 294-299, DOI: 10.1016/j.psyneuen.2012.05.019.

71. J. S. Mascaro *et al.*, «Compassion Meditation Enhances Empathic Accuracy and Related Neural Activity», *Social Cognitive and Affective Neuroscience* 8, n.º 1 (2013): 48-55, DOI: 10.1093/scan/nss095.

72. C. A. Hutcherson *et al.*, «The Neural Correlates of Social Connection», *Cognitive and Affective Behavioral Neuroscience* 15 (2015): 1-14, DOI: 10.3758/s13415-014-0304-9.

73. S. Leiberg *et al.*, «Short-Term Compassion Training Increases Prosocial Behavior in a Newly Developed Prosocial Game», *PLoS ONE* 6 (2011), DOI: 10.1371/journal.pone.0017798.

74. Mascaro *et al.*, «Compassion Meditation», 48-55; A. Lutz *et al.*, «Regulation of the Neural Circuitry of Emotion by Compassion Meditation: Effects of Meditative Expertise», *PLoS ONE* 3 (2008): e1897, DOI: 10.1371/journal.pone.0001897; M. E. Kemeny *et al.*, «Contemplative/Emotion Training Reduces Negative Emotional Behavior and Promotes Prosocial Responses», *Emotion* 12 (2012): 338-350, DOI: 10.1037/a0026118; Gaelle Desbordes *et al.*, «Effects of Mindful-Attention and Compassion Meditation Training on Amygdala Response to Emotional Stimuli in an Ordinary, Non-meditative State», *Frontiers in Human Neuroscience* 6 (2012): 292, DOI: 10.3389/fnhum.2012.00292; H. Jazaieri *et al.*, «A Randomized Controlled Study of Compassion Cultivation Training: Effects on Mindfulness, Affect and Emotion Regulation», *Motivation and Emotion* 38 (2014): 23-35, DOI: 10.1007/s11031-013-9368-z.

75. C. A. Hutcherson *et al.*, «Loving-Kindness Meditation Increases Social Connectedness», *Emotion* 5 (2008): 720-724, DOI: 10.1037/a0013237.

ÍNDICE TEMÁTICO

ACERCA DE LA AUTORA

E MMA SEPPÄLÄ es directora científica del Centro para la Investigación y Educación de la Compasión y el Altruismo de la Universidad de Stanford y una de las principales expertas en los campos de psicología de la salud, bienestar y resiliencia. Sus trabajos de investigación han aparecido en *New York Times, ABC News, Forbes, Boston Globe, U.S. News & World Report, Huffington Post, INC, y Fast Company.*

Es la fundadora de la famosa publicación digital *Fulfillment Daily* y colaboradora habitual de *Psychology Today, Harvard Business Review* y *Huffington Post.* Sus artículos también han aparecido en *Washington Post, Scientific American Mind* y *Spirituality & Health.*

Seppälä asesora a líderes de Fortune 500 sobre el desarrollo de organizaciones positivas. Es una prestigiosa conferenciante, y ha hablado en instituciones académicas, empresariales y gubernamentales, entre las que figuran Google, la National Science Foundation y el World Bank.

Como parte de su dedicación a aplicar la ciencia de la felicidad a la vida diaria, ha impartido clases sobre felicidad y servicio a cientos de estudiantes, actividad que le reportó el galardón Lyons de la Universidad de Stanford por sus servicios.

Conmovida por la desinteresada dedicación de los veteranos y el profundo drama que muchos arrastran de la guerra, dirigió una investigación innovadora sobre prácticas mente-cuerpo para los combatientes veteranos. Esta investigación apareció en el documental *Free the Mind*.

Es licenciada en Literatura comparada por la Universidad de Yale y tiene un máster en Lenguas y Culturas del Este Asiático por la Universidad de Columbia y un doctorado en Psicología de la Universidad de Stanford.

Nació en París (Francia) y es hablante nativa de francés, inglés y alemán. Además, habla español y chino mandarín.